Bibliografische Information der Deutschen Nationalbibliothek:

Die Deutsche Nationalbibliothek verzeichnet diese Publikation in der Deutschen Nationalbibliografie; detaillierte bibliografische Daten sind im Internet über http://dnb.d-nb.de abrufbar.

Impressum:

Copyright © 2015 Studylab

Ein Imprint der GRIN Verlag, Open Publishing GmbH

Druck und Bindung: Books on Demand GmbH, Norderstedt, Germany

Coverbild: ei8htz

Daniel Hartmann

Abkommensberechtigung von Personengesellschaften

2015

Inhaltsverzeichnis

5

Abkürzungsverzeichnis

Abs.	Absatz
AG	Aktiengesellschaft
Art.	Artikel
Aufl.	Auflage
BFH	Bundesfinanzhof
BFH/NV	Sammlung nicht veröffentlichter Entscheidungen des Bundesfinanzhofs
BGB	Bürgerliches Gesetzbuch
BMF	Bundesministerium der Finanzen
bspw.	beispielsweise
BStBl. I (II)	Bundessteuerblatt Teil I (II) (Zeitschrift)
bzw.	beziehungsweise
DBA	Doppelbesteuerungsabkommen
EStG	Einkommensteuergesetz
EWIV	Europäische wirtschaftliche Interessenvereinigung
GbR	Gesellschaft des bürgerlichen Rechts
GG	Grundgesetz
GmbH	Gesellschaft mit beschränkter Haftung
GrS	Großer Senat
HGB	Handelsgesetzbuch
h.M.	herrschende Meinung
Hrsg.	Herausgeber
HS	Halbsatz
i.d.R.	in der Regel
i.S.d.	im Sinne des
i.S.v.	im Sinne von

IStR	Internationales Steuerrecht (Zeitschrift)
i.V.m.	in Verbindung mit
KG	Kommanditgesellschaft
KStG	Körperschaftsteuergesetz
lit.	litera
LLC	Limited Liability Company
Nr.	Nummer
OECD	Organization for Economic Cooperation and Development
OECD-MA	Musterabkommen der OECD zur Vermeidung der Doppelbesteuerung auf dem Gebiet der Steuern vom Einkommen und vom Vermögen
OECD-MK	Musterkommentar der OECD zur Vermeidung der Doppelbesteuerung auf dem Gebiet der Steuern vom Einkommen und vom Vermögen
OFD	Oberfinanzdirektion
OHG	Offene Handelsgesellschaft
RFH	Reichsfinanzhof
RIW	Recht der Internationalen Wirtschaft (Zeitschrift)
Rn.	Randnummer
Rspr.	Rechtsprechung
RStBl.	Reichsteuerblatt
Rz.	Randziffer
s.	siehe
S.	Satz, Seite
s.o.	siehe oben
sog.	sogenannte
StbJb	Steuerberater-Jahrbuch
StuW	Steuern und Wirtschaft

SWI	Steuer und Wirtschaft International (Zeitschrift, Österreich)
v.	vom, von
vgl.	vergleiche
z.B.	Zum Beispiel

Executive Summary

Personengesellschaften stehen im deutschen Steuerrecht im Rahmen des Transparenzprinzips im Spannungsfeld zwischen Einheits- und Trennungsprinzip.[1] Auch im internationalen Kontext nehmen sie hinsichtlich ihrer unterschiedlichen zivilrechtlichen und steuerrechtlichen Behandlung eine Sonderstellung ein.[2] Im internationalen Zusammenhang lassen sich die bestehenden Besteuerungskonzeptionen im Wesentlichen dahingehend unterscheiden, dass sie die Steuersubjekteigenschaft der Personengesellschaft entweder annehmen oder negieren.[3] Aus der zivilrechtlichen und der steuerrechtlichen Komplexität von Personengesellschaften resultieren vielfältige Qualifikationskonflikte, da bei dieser Gesellschaftsform kein einheitliches staatenübergreifendes Besteuerungskonzept existiert.[4]

Hinsichtlich der Lösung von Qualifikationskonflikten herrscht Meinungsstreit. Die vertretenen Ansichten divergieren dahingehend, dass sie bezüglich der abkommensrechtlichen Einordnung der Personengesellschaft entweder eine staatenübergreifende Qualifikationsverkettung zwischen den beteiligten Staaten anordnen, oder aber eine autonome Abkommensanwendung des jeweiligen Anwendestaates vorschreiben.[5]

Nach der hier gefolgten Auffassung einer verpflichtenden Qualifikationsverkettung lässt sich als Ergebnis festhalten, dass der Personengesellschaft dann Abkommensvorteile zu gewähren sind, wenn sie in ihrem Sitzstaat ein eigenständiges Steuersubjekt darstellt und damit dort abkommensberechtigt ist. Der bilaterale Fall der übereinstimmenden Einordnung von Personen-gesellschaften lässt sich entweder durch die Abkommensberechtigung der Gesellschaft als solche bzw. durch Rückgriff auf ihre Gesellschafter lösen. Fallen die Besteuerungskonzepte zwischen den Staaten auseinander, so ist der Personengesellschaft für den Fall der Steuerpflicht in ihrem Sitzstaat die Abkommensberechti-

---

[1] Vgl. Jacobs, O.H., Rechtsform, 2015, S. 101

[2] Vgl. Wehrße, M., Grenzüberschreitende Besteuerung, 2011, S. 1

[3] Vgl. Dölker, A., Besteuerung von Personengesellschaften, 2012, S. 19

[4] Vgl. Prokisch, R., in: Vogel, K./Lehner, M., DBA Kommentar, Art. 1 OECD-MA Rn. 17; Wassermeyer, F., in: Wassermeyer, F./Richter, S./Schnittker, H., Personengesellschaften im internationalen Steuerrecht, 2015, Rn. 4.1

[5] Vgl. Wassermeyer, F., in: Wassermeyer, F./Richter, S./Schnittker, H., Personengesellschaften im internationalen Steuerrecht, 2015, Rn. 2.22-2.26 u. 4.6-4-8

gung auch mit Geltung im anderen Staat zuzusprechen. Im umgekehrten Sachverhalt ist die Abkommensberechtigung zu negieren. Bezüglich des untersuchten Themenkomplexes besteht weiterhin noch Untersuchungsbedarf.

1. Qualifikationskonflikte bei Personengesellschaften infolge der unterschiedlichen rechtlichen Behandlung in den Vertragsstaaten

1.1. Problemstellung

Im internationalen Steuerrecht nehmen Personengesellschaften eine besondere Stellung ein. Häufig treten bei grenzüberschreitenden Sachverhalten Doppelbesteuerungspotenziale auf, die durch DBAs verhindert werden sollen. Solche Abkommen modifizieren regelmäßig die Besteuerungsansprüche der beteiligten Staaten.[6] Abkommensberechtigt sind grundsätzlich aber nur jene Personen, die die Tatbestandsvoraussetzungen des persönlichen Anwendungs-bereichs des Abkommens erfüllen.[7] Da für die Beurteilung der Erfüllung der Tatbestandsmerkmale regelmäßig Bezug auf die Rechtsordnungen der Vertragsstaaten genommen wird, treten insbesondere bei Personen-gesellschaften Probleme auf. Bei grenzüberschreitenden Sachverhalten ist die Kernproblematik bei Beteiligung von Personengesellschaften darauf zurück zu führen, dass Personengesellschaften nach dem Zivil- und Steuerrecht der jeweiligen Staaten teilweise grundverschieden behandelt werden.[8]

Gerade dann, wenn die beteiligten Staaten hinsichtlich der Personengesellschaft heterogene Rechtsauffassungen vertreten, sind Qualifikations- und Zurechnungskonflikte und daraus resultierende Doppelbesteuerungen bzw. Keinmalbesteuerungen (sog. „weiße Einkünfte") vorgezeichnet.[9]

Die Meinungen in der Literatur bezüglich der Lösung solcher Konflikte gehen weit auseinander. Umstritten ist dabei insbesondere, ob und mit welcher Wirkung der jeweilige Anwendestaat im Rahmen der Bestimmung der ansässigen Person an die Einordnung des jeweils anderen Staates (des Sitzstaates, des Ansässigkeitsstaates und/oder des Quellenstaates) gebunden sein soll und diese

---

[6] Vgl. Lehner, M., in: Vogel, K./Lehner, M., DBA Kommentar, Grundlagen Rn. 6 u. 43-44 u. 64-68

[7] Vgl. Wassermeyer, F., in: Wassermeyer, F., Doppelbesteuerung Kommentar, Art. 1 OECD-MA Rn. 16-18

[8] Vgl. Dremel, D., in: Schönfeld, J./Ditz, X., Doppelbesteuerungsabkommen Kommentar, 2013, Art. 1 OECD-MA Rn. 41; Frotscher, G., Internationales Steuerrecht, 3. Auflage, 2009, Rn. 330-333 u. 342-347

[9] Vgl. Dölker, A., Besteuerung von Personengesellschaften, 2012, S. 18; Frotscher, G., Internationales Steuerrecht, 3. Auflage, Rn. 11

Sichtweise eventuell auf die abkommensrechtliche Einkünftezurechnung durchschlagen soll (abkommensorientierte Sichtweise). Nach der davon abweichenden, anwenderstaatsorientierten Sichtweise, trifft der jeweilige Anwendestaat autonom nach den Kriterien seines innerstaatlichen Steuerrechts eine Entscheidung über die Abkommensanwendung und die Zurechnung der von der Personengesellschaft erzielten Einkünfte.[10] Die jeweiligen Auffassungen gelangen hinsichtlich der Abkommensberechtigung von Personengesellschaften zu unterschiedlichen Ergebnissen.[11] Fraglich ist deshalb, ob die bestehenden Qualifikationskonflikte bei Beteiligung von Personengesellschaften anhand einer dieser Meinungen gelöst werden können.

1.2. Zielsetzung und Vorgehensweise

Vorliegende Arbeit behandelt und untersucht die Abkommensberechtigung von Personengesellschaften. Hierfür werden insbesondere die Voraussetzungen der Abkommensberechtigung von Personengesellschaften erarbeitet und die in diesem Themenkomplex auftretenden Probleme veranschaulicht. Außerdem wird der im Kontext von Qualifikationskonflikten bestehende Meinungsstand dargestellt.

Dafür geht die Arbeit zunächst auf die zivil- und steuerrechtliche Behandlung von gewerblich tätigen Personengesellschaften nach deutschem Recht ein. Im Rahmen der zivilrechtlichen Qualifikation werden die gesellschaftsrechtlichen Charakteristika von Personengesellschaften in Abgrenzung zu Kapitalgesellschaften vorgestellt. Bei der folgenden steuerrechtlichen Qualifikation der Personengesellschaften wird insbesondere das von der Bundesrepublik angewandte Mitunternehmerkonzept behandelt. Im Anschluss daran, wird mit dem sog. Typenvergleich eine Methode zur Einordnung ausländischer Rechtsgebilde für Zwecke der deutschen Besteuerung beleuchtet. Dabei wird insbesondere auf die Notwendigkeit der Einordung von ausländischen Rechtsgebilden eingegangen und die angewandte Methodik illustriert.

Nach diesem Kapitel werden die Tatbestandvoraussetzungen des persönlichen Anwendungsbereichs des Abkommens ausgearbeitet und auf die Personengesellschaften übertragen. Dabei wird auf die Problematik der divergierenden Ein-

---

[10] Vgl. Wassermeyer, F., in: Wassermeyer, F./Richter, S./Schnittker, H., Personengesellschaften im internationalen Steuerrecht, 2015, Rn. 4.6-4.8

[11] Vgl. Dremel, D., in: Schönfeld, J./Ditz, X., Doppelbesteuerungsabkommen Kommentar, 2013, Art. 1 OECD-MA Rn. 51

ordnung der Personengesellschaften in den Jurisdiktionen eingegangen und die hieraus resultierenden Konsequenzen bei Personengesellschaften aufgezeigt. Anschließend werden die beiden in der Literatur vertretenen Meinungen zur Lösung von Qualifikationskonflikten vorgestellt und diskutiert. Hierbei wird der Fokus vor allem auf deren Rechtsgrundlage gelegt. Danach werden anhand der Annahme einer Qualifikationsverkettung mögliche bilaterale Fallkonstellationen gelöst. Eine Zusammenfassung der Ergebnisse rundet die Arbeit ab.

2. Personengesellschaften im Zivilrecht

Eine Personengesellschaft entsteht, wenn sich mindestens zwei natürliche oder juristische Personen zur Erreichung eines bestimmten gemeinsamen Zwecks zusammenschließen.[12] Personengesellschaften sind die GbR (§§ 705-740 BGB), die OHG (§§105-160 HGB), die KG (§§ 161-177a HGB), die Partnerschaftsgesellschaft (§§ 1 ff. PartGG), die stille Gesellschaft (§§ 230-236 HGB), die Partenreederei (§§ 489-508 HGB) und die EWIV (EWIV-VO).[13]

Im Unterschied zur Kapitalgesellschaft ist die Personengesellschaft als solche keine juristische Person.[14] Die Personengesellschaft ist aber grundsätzlich, sofern es sich um eine Außengesellschaft handelt, rechtsfähig. Sie kann daher selbst Träger von Rechten und Pflichten sein. Die Rechtsfähigkeit erlaubt es, dass die Gesellschaft Verträge mit fremden Dritten wie auch mit ihren Gesellschaftern abschließen kann.[15]

Die Grundform der Personengesellschaften stellt die GbR dar.[16] Die OHG unterscheidet sich von der GbR durch den verfolgten Zweck.[17] Demnach handelt es sich gemäß § 105 HGB um eine OHG, wenn der Zweck auf den Betrieb eines Handelsgewerbes unter gemeinschaftlicher Firma gerichtet und die Haftung gegenüber den Gesellschaftsgläubigern bei keinem der Gesellschafter beschränkt ist.[18] In Abgrenzung zur OHG liegt nach § 161 HGB dann eine Kommanditgesellschaft vor, wenn bei einem oder bei einigen der Gesellschafter die Haftung gegenüber den Gesellschaftsgläubigern auf den Betrag einer bestimmten Ver-

---

[12] Vgl. Saenger, I, Gesellschaftsrecht, 2010, Rn. 42; Schöne, T., in: Beck 'scher Online Kommentar BGB, 2015, § 705 BGB Rn. 19-20; Im Folgenden werden die Charakteristika einer Personengesellschaft anhand der GbR veranschaulicht.

[13] Vgl. Saenger, I., Gesellschaftsrecht, 2010, Rz. 16; Niehus, U./Wilke, H., Die Besteuerung der Personengesellschaft, 6. Auflage, 2013, S. 2-3

[14] Vgl. Windbichler, C., Gesellschaftsrecht, 23. Auflage, 2013, § 5 Rn. 6

[15] vgl. Schäfer, C./Ulmer, P., in: Münchner Kommentar zum BGB, 2013, § 705 BGB Rn. 11; Saenger, I., Gesellschaftsrecht, 2010, Rn. 49-55; Windbichler, C., Gesellschaftsrecht, 23. Auflage, 2013, § 5 Rn. 6

[16] Vgl. Schöne, T., in: Beck 'scher Online Kommentar BGB, 2015, § 705 BGB Rn. 4

[17] Vgl. Schäfer, C./Ulmer, P., in: Münchner Kommentar zum BGB, 2013, § 705 BGB Rn. 3

[18] Vgl. Schmidt, K., in: Münchner Kommentar zum HGB, 3. Auflage, 2011, § 105 HGB Rn. 19

mögenseinlage beschränkt ist, während bei dem anderen Teil der Gesellschafter eine Beschränkung der Haftung nicht stattfindet (Komplementär).[19]

Neben den Grundtypen der GbR, OHG und KG existieren noch verschiedene Sonderformen von Personengesellschaften bei der die Rolle des persönlich haftenden Gesellschafters regelmäßig von einer haftungsbeschränkten Kapitalgesellschaft eingenommen wird, sog. Kapitalgesellschaft & Co. Als wichtigstes Beispiel ist hier die GmbH & Co. KG zu nennen.[20] Hierbei handelt es sich eine Kommanditgesellschaft bei der die Stellung des Komplementärs durch eine Kapitalgesellschaft (GmbH) ausgeübt wird.[21]

Personengesellschaften lassen sich gegenüber Kapitalgesellschaften durch das personalistische Element, der Abhängigkeit vom Bestand der Mitglieder, abgrenzen.[22] Besonders deutlich wird die Abhängigkeit vom Mitgliederbestand durch die gesetzliche Regelung, wonach beim Tod eines GbR-Gesellschafters die Gesellschaft gemäß § 727 Abs. 1 BGB aufgelöst wird, sofern im Gesellschaftsvertrag nichts anderes vorgesehen ist.[23] Zwischen den Gesellschaftern besteht ein besonderes persönliches Vertrauensverhältnis, wohingegen bei Kapitalgesellschaften die Leistung des Kapitalbeitrags im Vordergrund steht.[24] Eine Personengesellschaft kann grundsätzlich formlos gegründet werden, wohingegen es zur Gründung einer Kapitalgesellschaft konstitutiv der Eintragung ins Handelsregister nach Erfüllung der gesetzlichen Gründungserfordernisse bedarf.[25]

Bei Personengesellschaften gilt, anders als bei Kapitalgesellschaften, das Prinzip der Selbstorganschaft, wonach die Gesellschafter grundsätzlich kraft ihrer Mitgliedschaft im Innenverhältnis zur Geschäftsführung und im Außenverhältnis

---

[19] Vgl. Schmidt, K., in: Münchner Kommentar zum HGB, 3. Auflage, 2011, § 105 HGB Rn. 18

[20] Vgl. Windbichler, C., Gesellschaftsrecht, 23. Auflage, 2013, § 37 Rn. 1

[21] Vgl. Grunewald, B., in: Münchner Kommentar zum HGB, 3. Auflage, 2012, § 161 HGB Rn. 46-47; Jacobs, O.H., Rechtsform 2015, 5. Auflage, S. 59

[22] Vgl. Bitter, G., Gesellschaftsrecht, 2. Auflage,§ 5 Rn. 108 u. 117

[23] Windbichler, C., Gesellschaftsrecht, 23. Auflage, 2013, § 10 Rn. 2

[24] Vgl. Saenger, I., Gesellschaftsrecht, 2010, Rz. 12-13; Münchner Kommentar zum BGB, 2013, § 705 BGB Rn. 7

[25] Saenger, I., Gesellschaftsrecht, 2010, Rn. 15 u. 66; Schäfer, C./Ulmer, P., in: Münchner Kommentar zum BGB, 6. Auflage, 2013, Vorbem. z. § 705 BGB Rn. 12; Dölker, A., Besteuerung von Personengesellschaften, 2012, S. 9

zur Vertretung der Gesellschaft befugt sind.[26] Charakteristisch ist ferner, dass die gesetzlichen Vorschriften über die Rechte der Gesellschafter untereinander bzw. zur Gesellschaft im Wesentlichen zur Disposition stehen.[27] Weiter ist typisch, dass die Personengesellschaft aus einem nicht beliebig auswechselbaren Kreis von Gesellschaftern besteht und die Mitgliedschaft ohne die Zustimmung der Gesellschafter grundsätzlich nicht übertragbar ist.[28]

Bedeutendstes Unterscheidungskriterium von Personengesellschaften zu Kapitalgesellschaften ist jedoch die Haftung der Gesellschafter für Gesellschaftsverbindlichkeiten. Neben der Gesellschaft haften ebenso die Gesellschafter der Personengesellschaft persönlich und unbeschränkt mit ihrem gesamten Vermögen für die Verbindlichkeiten der Gesellschaft.[29]

Die Personengesellschaft ist eine Gesamthandsgemeinschaft, was bedeutet, dass das Vermögen, welches die Gesellschafter zur Erreichung des gemeinsam vereinbarten Zwecks in die Gesellschaft eingebracht haben, den Gesellschaftern gemeinschaftlich zur gesamten Hand gehört. Deshalb darf ein einzelner Gesellschafter grundsätzlich nicht alleine über einzelne Vermögensgegenstände verfügen.[30]

Hinsichtlich der Beschlussfassungen in Form von Gesellschafterbeschlüssen gilt bei Personengesellschaften, anders als bei Kapitalgesellschaften, grundsätzlich das Prinzip der Einstimmigkeit.[31]

---

[26] vgl. Bitter, G., Gesellschaftsrecht, 2. Auflage, § 1 Rn. 19; Saenger, I., Gesellschaftsrecht, 2010, Rn. 141-142 u. 170; Windbichler, C., Gesellschaftsrecht, 23. Auflage, 2013, § 7 Rn. 10 u. § 8 Rz. 1; Schäfer, C., in: Münchener Kommentar zum BGB, 6. Auflage, 2013, § 709 BGB, Rn. 3-8

[27] vgl. Saenger, I., Gesellschaftsrecht, 2010, Rn. 66; Schäfer, C./Ulmer, P., in: Münchner Kommentar zum BGB, 6. Auflage, 2013, § 705 Rn. 132-133

[28] Vgl. Saenger, I., Gesellschaftsrecht, 2010, Rn. 12; Windbichler, C., Gesellschaftsrecht, 23. Auflage, 2013, § 9 Rn. 1-6; Schäfer, C./Ulmer, P., in: Münchner Kommentar zum BGB, 6. Auflage, 2013, § 705 BGB Rn. 7

[29] Vgl. Windbichler, C., Gesellschaftsrecht, 23. Auflage, 2013, § 8 Rn. 9-12; Schmidt, K., in: Münchner Kommentar zum HGB, 3. Auflage, 2011, § 128 HGB Rn. 1-18; Bitter, G., Gesellschaftsrecht, 2. Auflage, § 1 Rn. 18

Ausnahme: Kommanditisten einer KG haften nur in Höhe ihrer Einlage

[30] Vgl. Schäfer, C., in: Münchner Kommentar zum BGB, 6. Auflage, 2013, § 718 BGB Rn. 2-5; Windbichler, C., Gesellschaftsrecht, 23. Auflage, 2013, § 5 Rn. 9 u. § 8 Rn. 6-8

[31] Vgl. Saenger, I., Gesellschaftsrecht, 2010, Rn. 154-156;

Im Folgenden soll die Behandlung einer Personengesellschaft im nationalen Steuerrecht näher untersucht werden. Hierbei wird näher auf die Mitunternehmerkonzeption eingegangen.

3. Personengesellschaften im Steuerrecht

3.1. Allgemeines

Personengesellschaften sind im deutschen Steuerrecht weder einkommens- noch körperschaftsteuerpflichtig.[32] Das nationale Steuerrecht folgt damit bei Personensteuern dem zivilrechtlichen Grundsatz, dass Personengesellschaften keine Rechtspersönlichkeit besitzen und stellt diese unabhängig ihrer Qualifikation als Personenhandelsgesellschaft, die insoweit eine Zwitterstellung einnimmt, steuerrechtlich nicht den juristischen bzw. natürlichen Personen gleich. Dies wird dadurch deutlich, dass sich Personengesellschaften weder in der abschließenden Aufzählung der §§ 1 und 2 KStG über Körperschaft-steuersubjekte finden lassen, noch der Anwendungsbereich der persönlichen Einkommensteuerpflicht nach § 1 EStG eröffnet ist, weil ausschließlich natürliche Personen der Einkommensbesteuerung unterliegen.[33]

Hinsichtlich der fehlenden einkommen- bzw. körperschaftsteuerlichen Steuersubjekteigenschaft von Personengesellschaften, erfolgt insoweit für die Besteuerung ein Durchgriff auf die Gesellschafterebene.[34] Die Einkünfte der Personengesellschaft werden den Gesellschaftern anteilig als originäre eigene Einkünfte zugerechnet und unterliegen bei diesen im Rahmen ihrer Einkommen- bzw. Körperschaftsteuerpflicht der Besteuerung (sog. Transparenzprinzip).[35] Die Personengesellschaft erlangt jedoch eine gewisse steuerrechtliche Teilrechtsfähigkeit, insofern, dass diese als solche Einkünfteerzielungs- und ermittlungssubjekt ist und nicht etwa der einzelne Gesellschafter.[36] Im deutschen Steuerrecht ist für die einkommensteuerrechtliche Behandlung von gewerb-lichen Personengesellschaften das Mitunternehmerkonzept charakteristisch.[37]

---

[32] Vgl. Jacobs, O.H., Rechtsform 2015, 5. Auflage, S.104

[33] Vgl. Gosch, D., in: Kirchhof, P., EStG Kommentar, 2015, § 1 EStG Rn. 5; Anders im Bereich der Umsatz- und Gewerbesteuer bei der die Personengesellschaft selbst Steuerschuldner ist (§ 2 Abs. 1 UStG und § 5 Abs. 1 Satz 3 GewStG). Auf diese Steuerarten soll nicht eingegangen werden.

[34] Vgl. Niehus, U./ Wilke, H., Personengesellschaften 2013, 6. Auflage, 2013, S. 19

[35] Vgl. Reiß, W., in: Kirchhof, P., EStG Kommentar, 2015, § 15 EStG, Rn. 162-163; Grobshäuser, U./Maier, W./Kies, D., Besteuerung der Gesellschaften, 3. Auflage, 2011, S. 71

[36] Vgl. Niehus, U./ Wilke, H., Personengesellschaften 2013, 6. Auflage, 2013, S. 18-20; Lange, J., Personengesellschaften im Steuerrecht, 7. Auflage, 2008, Rn. 221-226; Reiß, W., in: Kirchhof, P., EStG Kommentar, 2015, § 15 EStG, Rn. 164

[37] Vgl. Jacobs, O.H. Rechtsform 2015, 5. Auflage, S.104-105

3.2. Konzeptionelle Grundlagen der Besteuerung von gewerblichen Mitunternehmerschaften

Als zentrale Tatbestandsmerkmale für die gewerbliche Mitunternehmerschaft setzt § 15 Abs. 1 Nr. 2 EStG sowohl die Gewerblichkeit der Personengesellschaft als auch die Mitunternehmerstellung des Gesellschafters voraus.[38] Sind diese Kriterien erfüllt, erfolgt die Ermittlung der gewerblichen Einkünfte des Mitunternehmers in zwei Stufen.[39] Die Einkünfte aus Gewerbebetrieb setzen sich aus den additiv verbundenen Summen aus Gewinnanteil des Mitunternehmers an der Personengesellschaft (1.Stufe) und aus den sog. Sondervergütungen, also solchen Vergütungen, die der Mitunternehmer aus Gesellschaft-Gesellschafter-Vertragsbeziehungen bezieht (2. Stufe), zusammen.[40]

3.2.1. Gewerbliche Mitunternehmerschaft: Voraussetzungen und Kriterien

Nach § 15 Abs. 1 Nr. 2 EStG liegen dann Einkünfte aus gewerblicher Mitunternehmerschaft vor, wenn die Personengesellschaft eine gewerbliche Tätigkeit ausübt und der Gesellschafter die Stellung eines Mitunternehmers innehat.[41]

3.2.1.1. Gewerblichkeit der Personengesellschaft

Kriterium für die unmittelbare Anwendung des § 15 Abs. 1 Nr. 2 EStG ist die Gewerblichkeit der Personengesellschaft.[42] Zur Gewerblichkeit ergeben sich nach § 15 EStG drei Möglichkeiten.[43] Zum einen kann die Personengesellschaft eine gewerbliche Tätigkeit i.S.v. § 15 Abs. 1 Nr. 1 i.V.m. Abs. 2 ausüben[44] oder teilweise gewerbliche Einkünfte nach § 15 Abs. 3 Nr. 1 EStG erzielen, die nach der sog. Abfärbe- oder Infektionstheorie in vollem Umfang als gewerbliche Ein-

---

[38] Vgl. Reiß, W., in: Kirchhof, P., EStG Kommentar, 2015, § 15 EStG, Rn. 170 u. 205

[39] Vgl. Franitza, B., in: Lange, J./Bilitewski, A./Götz, H., Personengesellschaften im Steuerrecht, 9. Auflage, 2014, Rn. 651-653

[40] Vgl. Grobshäuser, U./Maier, W./Kies, D., Besteuerung der Gesellschaften, 3. Auflage, 2011, S. 71; Reiß, W., in: Kirchhof, P., EStG Kommentar, 2015, § 15 EStG, Rn. 227;

[41] Vgl. Scheffler, W., Besteuerung von Unternehmen I, 12. Auflage, 2012, S. 57-58

[42] Vgl. Klumpp, P., in: Lange, J./Bilitewski, A./Götz, H., Personengesellschaften im Steuerrecht, 9. Auflage, 2014, Rn. 231-236 u. 246-248

[43] Vgl. Klumpp, P., in: Lange, J./Bilitewski, A./Götz, H., Personengesellschaften im Steuerrecht, 9. Auflage, 2014, Rn. 306

[44] Bode, W., in: Blümich, EStG KStG GewStG Kommentar, 2015, § 15 EStG Rn.12-14

künfte angesehen werden[45] oder aber die Gesellschaft gilt als gewerblich geprägt, wodurch die Einkünfte gemäß § 15 Abs. 3 Nr. 2 EStG ebenfalls als vollumfänglich gewerblich eingeordnet werden.[46]

Als Gewerbebetrieb kraft gewerblicher Betätigung gilt eine Personengesellschaft nach § 15 Abs. 2 EStG, wenn sie eine selbstständige nachhaltige Betätigung mit Gewinnerzielungsabsicht unternimmt, die eine Beteiligung am allgemeinen wirtschaftlichen Verkehr darstellt und weder als Ausübung von Land- und Forstwirtschaft, als Ausübung eines freien Berufs, als eine andere selbstständige Arbeit oder als reine Vermögensverwaltung anzusehen ist.[47]

3.2.1.2. Mitunternehmerstellung des Gesellschafters

Neben der Gewerblichkeit der Gesellschaft ist die Mitunternehmerstellung des Gesellschafters Voraussetzung für das Vorliegen von Einkünften aus Gewerbetrieb.[48] Ein Steuerpflichtiger wird dann als Mitunternehmer qualifiziert, wenn er zivilrechtlich ein Gesellschafter der Personengesellschaft ist und zudem Unternehmerinitiative entfaltet und Unternehmerrisiko trägt.[49] Der Begriff des Mitunternehmers ist gesetzlich nicht definiert, vielmehr handelt es sich hierbei um einen Typusbegriff. Danach ist zur Beurteilung der Mitunternehmer-eigenschaft das Gesamtbild der Verhältnisse entscheidend, so dass zwar beide Merkmale (Unternehmerinitiative und Unternehmerrisiko) vorliegen müssen, aber im Einzelfall mehr oder weniger stark ausgeprägt sein können.[50]

3.2.1.2.1. Mitunternehmerrisiko

Ein Gesellschafter trägt dann (Mit-)Unternehmerrisiko, wenn er Teilhabe am Erfolg oder Misserfolg des Unternehmens aufweist.[51] Unternehmerrisiko lässt

---

[45] Vgl. Wacker, R., in: Schmidt, L., 2015, § 15 EStG Rn. 185-192; Jacobs, O.H., Rechtsform 2015, 5. Auflage, S. 229

[46] Vgl. Niehus, U., Wilke, H., Personengesellschaften 2013, 6. Auflage, 2013, S. 43-45; Reiß, W., in: Kirchhof, P., EStG Kommentar, 2015, § 15 EStG, Rn. 135-142

[47] Vgl. Reiß, W., in: Kirchhof, P., EStG Kommentar, 2015, § 15 EStG, Rn. 11-12

[48] Vgl. Klumpp, P., in: Lange, J./Bilitewski, A./Götz, H., Personengesellschaften im Steuerrecht, 9. Auflage, 2014, Rn. 231

[49] Vgl. Reiß, W., in: Kirchhof, P., EStG Kommentar, 2015, § 15 EStG Rn. 18

[50] Vgl. Reiß, W., in: Kirchhof, P., EStG Kommentar, 2015, § 15 EStG, Rn. 205-209; Jacobs, O.H., Rechtsform, 2015, 5.Auflage, S. 230-232;

[51] Vgl. BFH v. 25.6.1984, BStBl. II 1984, S. 751; v. 14.8.1986, BStBl. II 1987, S.60; v. 09.10.1986, BStBl. II 1987, S. 124

sich dann bejahen, wenn der Gesellschafter am laufenden Gewinn und Verlust, den stillen Reserven des Anlage-und Umlaufvermögens und am Firmenwert beteiligt ist. Daneben liegt auch bei der Übernahme von persönlicher Haftung Unternehmerrisiko vor.[52]

3.2.1.2.2. Mitunternehmerinitiative

Grundsätzlich entfaltet ein Gesellschafter dann Mitunternehmerinitiative, wenn er an solchen unternehmerischen Entscheidungen teilhat, wie sie den Gesellschaftern z.b. in der Gesellschafterversammlung oder als Geschäftsführer, Prokurist oder einem leitenden Angestellten obliegen.[53] Mitunternehmer-initiative ist insbesondere dann gegeben, wenn der Steuerpflichtige die Geschäftsführung und die Vertretung der Gesellschaft übernimmt.[54] Der BFH lässt für das Merkmal der Mitunternehmerinitiative regelmäßig auch die Rechtstellung, die einem Kommanditisten vergleichbar ist, genügen. Demzufolge genügt es, wenn die Rechte des Gesellschafters den Stimm-, Kontroll- und Widerspruchsrechten eines Kommanditisten nach HGB angenähert sind. Der Gesichtspunkt Mitunternehmerinitiative wird folglich vom BFH sehr weit gefasst.[55]

3.3 Grundlagen der Mitunternehmerkonzeption: die zweistufige Gewinnermittlung[56]

Die Ermittlung der Einkünfte des Mitunternehmers erfolgt in zwei Stufen.[57] Hierbei ist die Personengesellschaft als solche Gewinnermittlungs- und Gewinnerzielungssubjekt.[58] Infolgedessen wird der Gewinn auf Ebene der Gesellschaft ermittelt und mittels des vereinbarten Gewinnverteilungsschlüssels auf die ein-

---

[52] Vgl. Klumpp, P., in: Lange, J./Bilitewski, A./Götz, H., Personengesellschaften im Steuerrecht, 9. Auflage, 2014, Rn. 296

[53] vgl. BFH vom 25.06.1984, BStBl. II, 1984, S.751

[54] Vgl. Klumpp, P., in: Lange, J./Bilitewski, A./Götz, H., Personengesellschaften im Steuerrecht, 9. Auflage, 2014, Rn. 286-287; Niehus, U./Wilke, H., Die Besteuerung der Personengesellschaften, 6. Auflage, S. 48

[55] vgl. Lange, J., Personengesellschaften im Steuerrecht, 7.Auflage, 2008, Rn. 276-278; BFH v. 28.10.1999, BStBl. 2000 II, S. 183

[56] Auf die Darstellung des Umfangs des Betriebsvermögens der Gesellschaft bzw. des Umfangs des Sonderbetriebsvermögens des Gesellschafters wird verzichtet.

[57] Vgl. Franitza, B., in: Lange, J./Bilitewski, A./Götz, H., Personengesellschaften im Steuerrecht, 9. Auflage, 2014, Rn. 651-654

[58] Vgl. Niehus, U./Wilke, H., Die Besteuerung der Personengesellschaften, 6. Auflage, S. 19-20

zelnen Gesellschafter aufgeteilt.[59] Auf den Gewinnanteil des Mitunternehmers werden gemäß § 15 Abs. 1 Satz 1 EStG die Vergütungen, die der Gesellschafter von der Gesellschaft für seine Tätigkeit im Dienst der Gesellschaft, für die Hingabe von Darlehen oder für die Überlassung von Wirtschaftsgütern bezogen hat, hinzugerechnet.[60]

3.3.1. Stufe 1 der Gewinnermittlung: Ermittlung des Gewinnanteils

Auf der ersten Stufe erfolgt die Ermittlung des Gewinnanteils des gewerblichen Mitunternehmers (§ 15 Abs. 1 Satz 1 Nr. 2 1. Halbsatz).[61] Ausgangspunkt hierfür stellt insoweit der Gewinn der Personengesellschaft dar. Dieser lässt sich regelmäßig unter Beachtung der Grundsätze ordnungsgemäßer Buchführung durch einen Betriebsvermögensvergleich nach den § 5 i.V.m. § 4 EStG in der sog. steuerlichen Gesamthandsbilanz ermitteln, soweit nicht eine Einnahmen-Überschuss-Rechnung i.S.d. § 4 Abs. 3 EStG in Betracht kommt.[62] In der steuerlichen Gesamthandsbilanz wird das Vermögen der Gesellschaft ausgewiesen und wird, falls notwendig durch Ergänzungsbilanzen, erweitert.[63] Bei der Gewinn- bzw. Verlustermittlung auf der ersten Stufe dürfen nur die Wirtschaftsgüter und Schulden des Gesellschaftsvermögens und die Entnahmen und Einlagen aus bzw. in das Gesellschaftsvermögen berücksichtigt werden.[64]

3.3.2. Stufe 2 der Gewinnermittlung: Ermittlung der Sondervergütungen

Zum Gewinnanteil der ersten Stufe werden die sog. Sondervergütungen hinzugerechnet.[65] Das sind solche Vergütungen, „die der Gesellschafter von der Gesellschaft für seine Tätigkeit im Dienst der Gesellschaft, für die Hingabe von Darlehen oder für die Überlassung von Wirtschaftsgütern bezogen hat" (§ 15

---

[59] Vgl. Niehus, U./Wilke, H., Die Besteuerung der Personengesellschaften, 6. Auflage, S. 61-63

[60] Vgl. Franitza, B. in: Lange, J./Bilitewski, A./Götz, H., Personengesellschaften im Steuerrecht, 9. Auflage, 2014, Rn. 651-654; Reiß, W., in: Kirchhof, P., EStG Kommentar, 2015, § 15 EStG Rn. 227-238; Jacobs, O.H., Rechtsform, 2015, 5. Auflage, S. 233-234

[61] Vgl. Jacobs, O.H., Rechtsform, 2015, S. 234-235

[62] Vgl. Niehus, U., Wilke, H., Personengesellschaften, 2013, 6. Auflage, S. 61

[63] Vgl. Franitza, B., in: Lange, J./Bilitewski, A./Götz, H., Personengesellschaften im Steuerrecht, 9. Auflage, 2014, Rn. 651-654; Jacobs, O.H., Rechtsform, 2015, S. 234-235

[64] Vgl. Niehus, U., Wilke, H., Personengesellschaften, 2013, 6. Auflage, S. 61-62; Jacobs, O.H., Rechtsform, 2015, 5. Auflage, S. 234-237; Kirchhof, P., 2014, § 15 EStG, Rn. 227-233

[65] Vgl. Jacobs, O.H., Rechtsform, 2015, S.234 u. 261

Abs.1 Satz 1 Nr. 2 2. Halbsatz EStG). Diese Vergütungen, die der Gesellschafter von der Gesellschaft bezogen hat, erhöhen seinen Gewinnanteil.[66]

Die Ermittlung der jeweiligen Sondervergütungen eines einzelnen Gesellschafters erfolgt mittels sog. Sonderbilanzen, in der das Sonderbetriebsvermögen des jeweiligen Gesellschafters ausgewiesen wird.[67] Bei Sonderbetriebsvermögen handelt es sich um Wirtschaftsgüter, die nicht der Personengesellschaft, sondern den Mitunternehmern gehören, aber dem Betrieb der Personengesellschaft oder der Beteiligung an der Personengesellschaft dienen.[68] Analog zur Ermittlung auf der ersten Stufe erfolgt die Ermittlung des Sonderbetriebsvermögens ebenfalls durch einen Betriebsvermögensvergleich.[69] Im Ergebnis mindern die Sondervergütungen der Gesellschaft an die Gesellschafter das Ergebnis des steuerlichen Gewinns nicht, da die Sondervergütungen auf der ersten Stufe der Gewinnermittlung den Gewinn der Personengesellschaft als Aufwand mindern und auf der zweiten Stufe der Gewinnermittlung dem Gewinnanteil des Gesellschafters als Sonderbetriebs-einnahme wieder zugerechnet werden.[70]

Im folgenden Abschnitt wird die steuerrechtliche Behandlung von ausländischen Rechtsgebilden behandelt. Hierbei wird zum einen die Bedeutung der Klassifizierung des ausländischen Rechtsgebildes erörtert und zum anderen der Typenvergleich als Methode der Einordnung vorgestellt.

---

[66] Jacobs, O.H., Rechtsform, 2015, S. 234-235

[67] Vgl. Niehus, U., Wilke, H., Personengesellschaften, 2013, 6. Auflage, S. 62;Wacke, O., in: Lange, J./Bilitewski, A./Götz, H., Personengesellschaften im Steuerrecht, 9. Auflage, 2014, Rn. 821-823

[68] Vgl. Wacke, O., in: Lange, J./Bilitewski, A./Götz, H., Personengesellschaften im Steuerrecht, 9. Auflage, 2014, Rn. 821-823

[69] Vgl. Niehus, U., Wilke, H., Personengesellschaften, 2013, 6. Auflage, S. 62-63; Jacobs, O.H., Rechtsform, 2015, 5. Auflage, S. 234

[70] Vgl. Jacobs, O.H., Rechtsform, 2015, 5. Auflage, S. 261 -262; Niehus, U., Wilke, H., Personengesellschaften, 2013, 6. Auflage, S. 62-63; Reiß, W., in: Kirchhof, P., EStG Kommentar, 2015, § 15 EStG, Rn. 234-237; Grobshäuser, U., Maier, W., Kies, D., Besteuerung der Gesellschaftern, 3. Auflage, 2011, S.105 u. S.112-116

4. Steuerliche Qualifikation ausländischer Rechtsgebilde

4.1. Bedeutung der Qualifikation eines ausländischen Rechtsgebildes

In Deutschland ist die Unternehmensbesteuerung vor allem von der Rechtsform des jeweiligen Rechtsgebildes abhängig.[71] Kapitalgesellschaften wie z.b. die AG oder die GmbH sind als eigene Steuersubjekte nach § 1 Abs. 1 Nr. 1 bzw. § 2 Nr. 1 KStG als solche körperschaftssteuerpflichtig. Man spricht bei Kapitalgesellschaften vom sog. Trennungsprinzip bzw. von einer intransparenten Besteuerung.[72] Personengesellschaften sind als solche nach dem Transparenzprinzip nicht selbst Subjekt der Besteuerung, vielmehr findet die Besteuerung bei den Gesellschaftern der Personengesellschaft statt (s.o.).

Ausgangspunkt der ertragssteuerlichen Behandlung eines ausländischen Rechtsgebildes im deutschen Steuerrecht stellt die Klärung seiner Steuersubjektqualifikation dar.[73] Für Zwecke der deutschen Besteuerung kommt es für die Einordnung des ausländischen Rechtsgebildes – als Personen-gesellschaft oder Kapitalgesellschaft – ausschließlich auf das deutsche Steuerrecht an.[74]

Die Klassifikation der ausländischen Gesellschaft hat mithin weitreichende steuerrechtliche Folgen. Im Rahmen der Subjektqualifikation bestimmt sich wer als Steuersubjekt anzusehen ist, wer für die Einkünfteerzielung zur Besteuerung herangezogen wird und damit wem die jeweiligen Einkünfte zuzurechnen sind. Die Objektqualifikation hingegen beantwortet die Frage, unter welche konkrete Einkunftsart die jeweiligen Einkünfte zu subsumieren sind.[75]

---

[71] Vgl. Jacobs, O.H., Internationale Besteuerung, 2011, 7. Auflage, S. 490

[72] Vgl. Jacobs, O.H., Rechtsform, 2015, S. 167-169

[73] Vgl. Schnittker, H., in: Wassermeyer, F./Richter, S./Schnittker, H., Personengesellschaften im Internationalen Steuerrecht, 2. Auflage, 2015. Rn. 3.5

[74] Vgl. Prokisch, R., in Vogel, K./Lehner, M., Doppelbesteuerung Kommentar, 2015, Art. 1 OECD-MA Rn. 19

[75] Vgl. Jacobs, O.H, Internationale Besteuerung, 2011, 7. Auflage, S. 490-491; Auf Fragen der Objektqualifikation wird nicht eingegangen.

4.2. Typenvergleich als Methode zur Qualifikation ausländischer Rechtsgebilde

Wie bereits dargestellt, ist für inländische Besteuerungszwecke eine Subsumtion des ausländischen Rechtsgebildes unter die Konzeption des deutschen Einkommen- bzw. Körperschaftsteuerrechts erforderlich und folgenreich.[76] Grundlage für die rechtliche Würdigung und Einordnung eines ausländischen Rechtsgebildes bildet, seit der sog. Venezuela-Entscheidung des RFHs, der sog. Typenvergleich.[77] Nach dem Typenvergleich ist nicht die Sichtweise, die Behandlung oder gar die Besteuerung desjenigen Staates nach dessen Rechts-vorschriften das Rechtsgebilde errichtet wurde bzw. desjenigen Staates in dem das Rechtsgebilde seinen Sitz hat, ausschlaggebend. Maßgebend für Beurteilung des ausländischen Rechtsgebildes ist ausschließlich das inländische Recht.[78]

4.2.1. Wesentliche Grundsätze

Bei der steuerrechtlichen Qualifikation des ausländischen Rechtsgebildes geht es grundsätzlich darum, ob sich jenes Rechtsgebilde mehr mit einer Personengesellschaft oder mit einer Kapitalgesellschaft vergleichen lässt.[79] Die Gerichte und die Finanzverwaltung stellen für ihre Untersuchung einen Vergleich der zu beurteilenden Gesellschaft mit Gesellschaften nach deutschem Recht auf und würdigen hierbei die materielle Struktur, die wirtschaftliche Stellung und den rechtlichen Aufbau der fraglichen Gesellschaft. Diese Einordnung des ausländischen Rechtsgebildes im Rahmen des Typenvergleichs erfolgt nach der Rspr. des RFH und BFH mittels eines zweistufigen Prüfungsverfahrens.[80] Maßgebend ist für die Qualifikation allein das deutsche Steuerrecht.[81]

4.2.2. Zweistufiges Prüfverfahren

Auf der ersten Stufe der Prüfung wird die materiell-rechtliche Struktur des ausländischen Rechtsgebildes anhand des für sie geltenden ausländischen Gesell-

---

[76] Vgl. Jacobs, O.H, Internationale Besteuerung, 2011, 7. Auflage, S. 490-491

[77] Vgl. RFH v. 12.2.1930, VI 899/27, RStBl. 1930, 444; Prokisch, R., in Vogel, K./Lehner, M., DBA Kommentar, 2015, Art. 1 OECD-MA Rn. 19a

[78] Vgl. Prokisch, R., in: Vogel, K./ Lehner, M., Doppelbesteuerungsabkommen Kommentar, 6. Auflage, 2015, Art. 1 OECD-MA Rn. 19-19a

[79] Vgl. Dremel, R., in: Schönfeld, J./Ditz, X., Doppelbesteuerungsabkommen Kommentar, 2013, Art. 3 OECD-MA Rz 18

[80] Vgl. Jacobs, O.H., Internationale Besteuerung, 7. Auflage, 2011, S. 430 u. S. 491;

[81] Vgl. BFH v. 20.8.2008- I R 34/08, BFH/NV 2008, 2123

schaftsrechts ermittelt. Um einen Vergleich mit den Organisationsformen des inländischen Zivilrechts anstellen zu können, liegt deshalb hierbei der Fokus insbesondere auf solche Merkmale, die eine Unterscheidung zwischen den Rechtsformen (Personen- und Kapitalgesellschaften) zulassen.[82] Auf der zweiten Stufe findet die Zuordnung zu den jeweiligen Gestaltungsformen des deutschen Steuerrechts statt, namentlich zu den Einzelunternehmen (§ 15 Abs. 1 S. 1 Nr. 1 EStG), den Mitunternehmerschaften (§ 15 Abs. 1 S. 1 Nr. 2 EStG) oder den Körperschaften (§ 1 Abs. 1 KStG).[83]

Die deutsche Finanzverwaltung hat im BMF-Schreiben[84] vom 19.03.2004 zur steuerlichen Einordnung einer US-amerikanischen LLC einen Merkmalskatalog für den abstrakten Typenvergleich aufgestellt, anhand dessen das ausländische Rechtsgebilde mit den nationalen Personen- und Kapitalgesellschaften verglichen werden und eine Grenzziehung zwischen den Gesellschaftsarten stattfinden soll. Die darin enthaltenen Merkmale sind im Einzelnen (1) eine zentralisierte Geschäftsführung und Vertretung, (2) die beschränkte Haftung, (3) die freie Übertragbarkeit der Anteile, (4) Gewinnzuteilung, (5) Kapitalauf-bringung, (6) unbegrenzte Lebensdauer der Gesellschaft, (7) Gewinnverteilung und (8) die formalen Gründungsvoraussetzungen.[85] Folglich handelt es sich bei der ausländischen Gesellschaft dann um eine Personengesellschaft im Sinne des deutschen Steuerrechts, wenn die Haftung der Gesellschafter unbeschränkt ist, Eigenge-schäftsführung vorliegt, keine Einlagen zu erbringen sind und die Anteile nur mit Zustimmung der Mitgesellschafter übertragbar sind.[86]

Nach der Typenlehre ist keine völlige Identität bei den einzelnen Merkmalen erforderlich, vielmehr reicht hier nach dem Gesamtbild eine weitgehende Ver-gleichbarkeit aus.[87]

Es ist ersichtlich, dass die Einordnung von Personengesellschaften schon im na-tionalen Zivil- und Steuerrecht komplex ist. Diese Komplexität zieht sich auf das internationale Steuerrecht, insbesondere auf das Abkommensrecht, durch.

---

[82] Vgl. Schnittker, H., in: Wassermeyer, F./Richter, S./Schnittker, H., Personengesellschaften im Internationalen Steuerrecht, 2. Auflage, 2015. Rn. 3.13

[83] Vgl. Jacobs, O.H., Internationale Besteuerung, 2015, 7. Auflage, 2015, S. 491

[84] Vgl. BMF-Schreiben v. 19.03.2004, BStBl 2004 I, S. 411

[85] Vgl. Dremel, R., in: Schönfeld, J./Ditz, X., Doppelbesteuerungsabkommen Kommentar, 2013, Art. 3 OECD-MA, Rz. 36

[86] Vgl. OFD Frankfurt/M. v.14.11.2008, S 2241 A – 107, S. 213

[87] Vgl. Jacobs, O.H., Internationale Besteuerung, 2015, 7. Auflage, 2015, S. 492

Nachfolgend soll das Abkommensrecht zur Vermeidung von Doppel- und Minderbesteuerung anhand des OECD-MAs eingehend behandelt und auf die Personengesellschaft übertragen werden.

5. Die Abkommensberechtigung der Personengesellschaft

Bei grenzüberschreitenden Sachverhalten werden regelmäßig an das hierbei generierte wirtschaftliche Ergebnis, in mehr als einem Staat steuerliche Folgen geknüpft, weshalb das Doppelbesteuerungspotenzial bei grenzüberschreitenden Fallkonstellationen groß ist. Ursächlich dafür ist meist, dass Staaten im Rahmen ihrer Besteuerungshoheit zugleich auf das Welteinkommensprinzip und das Territorialitätsprinzip zurückgreifen.[88] Abhilfe wird regelmäßig durch Doppelbesteuerungsabkommen geschaffen, die die Besteuerung der Vertragsstaaten modifizieren und die internationale Doppelbesteuerung vermeiden.[89] Dabei begründen die DBAs keine originäre Steuerpflicht. Daher muss zunächst nach innerstaatlichem Steuerrecht beantwortet werden, welcher Person die jeweiligen Einkünfte zuzurechnen sind. Durch DBAs werden dann der innerstaatlich begründeten Steuerpflicht Schranken gesetzt und durch diverse Methoden eine doppelte Besteuerung vermieden.[90]

Besonders problematisch gestalten sich grenzüberschreitende Sachverhalte unter Beteiligung von Personengesellschaften. Personengesellschaften nehmen im internationalen Steuerrecht aufgrund ihrer divergierenden Behandlung in den Vertragsstaaten eine besondere Stellung ein. Teilweise werden Personengesellschaften als transparentes Gebilde ohne Steuersubjektivität und in anderen Vertragsstaaten als eigenständiges Steuersubjekt besteuert. Diese abweichende Behandlung hat abkommensrechtliche Konsequenzen dergestalt, dass subjektive und objektive Qualifikationskonflikte auftreten können. Besondere Schwierigkeiten treten in solchen Fallkonstellationen auf, wenn die beteiligten Staaten die Personengesellschaft unterschiedlich behandeln.[91] Derartige grenzüberschreitende Sachverhalte berühren regelmäßig drei voneinander unabhängige Rechtskreise, die in ihrer Systematik und Aussage getrennt stehen. Die Frage nach der Abkommensberechtigung von Personengesellschaften gibt Aufschluss darüber, ob

---

[88] Vgl. Lehner, M., in: Vogel, K./Lehner, M., DBA, 2015, Grundlagen z. OECD-MA Rn. 6-7

[89] Vgl. Lehner, M., in: Vogel, K./Lehner, M., DBA, 2015, Grundlagen z. OECD-MA Rn. 64

[90] Vgl. Schönfeld, J./Häck, N., in Schönfeld, J./Ditz, X., Doppelbesteuerungsabkommen Kommentar, 2013, Systematik Rn. 22 u. Rn. 50-52

[91] Vgl. Dremel, D., in: Schönfeld, J./Ditz, X., Doppelbesteuerungsabkommen Kommentar, 2013, Art. 1 OECD-MA Rn. 42; Prokisch, R., in: Vogel, K./Lehner, M., DBA, 2015, Art. 1 OECD-MA Rn. 30

die Gesellschaft als solche den Abkommensschutz in Anspruch nehmen darf, oder ob auf ihre Gesellschafter abzustellen ist.[92]

Für die Lösung dieser Sachverhalte haben sich unterschiedliche Lösungsansätze entwickelt. Nach der anwenderstaatsorientierten Sichtweise entscheidet der jeweilige Staat, unabhängig nach seinem innerstaatlichen Recht, über die abkommensrechtliche Zuordnung der Einkünfte. Nach der abkommens-orientierten Sichtweise ist der Anwendestaat bei der Beurteilung der ansässigen Person an die Sichtweise des jeweils anderen Staates, namentlich die, des Ansässigkeitsstaates, des Sitzstaates bzw. des Quellenstaates, gebunden.[93]

5.1. Begriffsbestimmung: Doppelbesteuerung

Der Ausdruck „juristische Doppelbesteuerung" beschreibt den Vorgang, wenn vergleichbare Steuern in zwei Staaten von demselben Steuerpflichtigen für denselben Steuergegenstand und denselben Zeitraum erhoben werden.[94] Demgegenüber lässt sich die „wirtschaftliche Doppelbesteuerung" (auch Doppelbelastung genannt) hiervon durch die fehlende Steuersubjektidentität abgrenzen, bei dem derselbe Wirtschaftsvorgang in demselben Zeitraum von zwei Staaten besteuert wird, jedoch nicht bei demselben Steuersubjekt.[95] Die wirtschaftliche Doppelbesteuerung ist regelmäßig Folge von Zurechnungs- und Qualifikationskonflikten, die häufig im Kontext von grenzüberschreitenden Sachverhalten unter Beteiligung von Personengesellschaften auftreten.[96]

5.2. Unter das Abkommen fallende Personen nach Art. 1 OECD-MA

Eine maßgebliche Frage der Behandlung von Personengesellschaften im internationalen Kontext, ist die Frage danach, ob die Personengesellschaft selbst die Abkommensberechtigung für sich beanspruchen kann. Damit sich die Personengesellschaft auf das Abkommen berufen darf, müssen grundsätzlich die Voraussetzungen des subjektiven Anwendungsbereichs erfüllt sein.[97] Diese Anforde-

---

[92] Vgl. Jacobs, O.H., Internationale Besteuerung, 2015, 7. Auflage, 2015, S. 496

[93] Vgl. Dremel, R., in: Schönfeld, J./Ditz, X., Doppelbesteuerungsabkommen Kommentar, 2013, Art. 3 OECD-MA Rz. 14

[94] Vgl. Lehner, M., in: Vogel, K./Lehner, M., DBA, 2015, Grundlagen z. OECD-MA Rn. 7

[95] Vgl. Schönfeld, J./Häck, N., in: Doppelbesteuerungsabkommen Kommentar, 2013, Systematik Rn. 1-6

[96] Vgl. Lehner, M., in: Vogel, K./Lehner, M., DBA, 2015, Grundlagen z. OECD-MA Rn. 9

[97] Vgl. Dremel, D., in: Schönfeld, J./Ditz, X., Doppelbesteuerungsabkommen Kommentar, 2013, Art. 1 OECD-MA Rz. 26-27 u. 40

rungen sind in Art. 1 OECD-MA kodifiziert und bestimmt somit den Personen-kreis, der sich auf den Abkommensschutz berufen darf.[98] Demnach gilt das Ab-kommen „für Personen, die in einem Vertragsstaat oder in beiden Vertragsstaa-ten ansässig sind.“[99] Eine Personengesellschaft ist folglich dann abkommensbe-rechtigt, sofern sie eine „Person" darstellt, die in einem oder in beiden Vertrags-staaten „ansässig" ist. Wer im Rahmen des Abkommens als „Person" gilt, wird in Art. 3 OECD-MA bestimmt. Was unter „Ansässigkeit" zu verstehen ist, defi-niert Art. 4 OECD-MA.[100] Beide Voraussetzungen müssen kumulativ erfüllt sein, woraus sich für die Frage der Abkommensberechtigung von Personenge-sellschaften eine zweistufige Prüfung ergibt.[101] Sind beide Tatbestandsvoraus-setzungen nebeneinander erfüllt, so „gilt" für die abkommensberechtigte Person, die aus dem Abkommen erwachsenden Abkommensvorteile. Es handelt sich demnach nicht um eine Fiktion.[102]

Nachfolgend wird erörtert, ob Personengesellschaften unter den Personenkreis i.S.d. Abkommens fallen und ob und wann sie die Ansässigkeitsvoraussetzung erfüllen.

5.2.1. Person im Sinne des Art. 3 Abs. 1 lit. a OECD-MA

Im Sinne des Abkommens werden nach Art. 3 Abs. 1 lit. a OECD-MA vom Ausdruck „Person" natürliche Personen, Gesellschaften und alle anderen Perso-nenvereinigungen erfasst. Gemäß Art. 3 Abs. 1 lit. b OECD-MA umfasst der Ausdruck „Gesellschaft" juristische Personen oder Rechtsträger, die für die Be-steuerung wie juristische Personen behandelt werden. Allerdings werden Perso-nengesellschaften weder in Art. 3 Abs. 1 lit. a OECD-MA noch in Art. 3 Abs. 1 lit. b OECD-MA ausdrücklich genannt.[103] Personengesellschaften können ent-weder unter den Begriff „Gesellschaft" oder „andere Personenvereinigung" fal-len. Was genau unter den Begriffen „Person", „Gesellschaft", „Rechtsträger, die wie juristische Personen besteuert werden" und „andere Personen-vereinigungen" zu verstehen ist, bestimmt das Abkommen gemäß Art 3 Abs. 2

---

[98] Vgl. Weggenmann, H.R., Partnership-Report, 2002, S.50

[99] Vgl. OECD-MA Art. 1

[100] Vgl. Prokisch in Vogel, K./Lehner, M., DBA, 2015, Art. 1 OECD-MA Rn. 2 u. 4

[101] Vgl. Weggenmann, H.R., Partnership-Report, 2002, S.50

[102] Vgl. Prokisch in Vogel, K./Lehner, M., DBA, 2015, Art 1 OECD-MA Rn. 4; Weggen-mann, H.R., Partnership-Report, 2002, S. 50

[103] Vgl. Weggenmann, H.R., Partnership-Report, 2002, S. 53

OECD-MA mittels eines Rückgriffs auf das innerstaatliche Recht des Anwenderstaates.[104]

5.2.1.1 Andere Personenvereinigungen nach Art. 3 Abs. 1 lit. a OECD-MA

Personen im abkommensrechtlichen Sinne sind nach der Formulierung des Art. 3 Abs. 1 lit. a OECD-MA unter anderem „andere Personenvereinigungen". Unter diesen Begriff fallen solche Rechtsgebilde, die eine Person i.s.d. Abkommens sein können und nicht wie juristische Personen besteuert werden, also im jeweiligen Anwendestaat keine Steuersubjekteigenschaft genießen.[105] Das folgt aus der Abgrenzung zu Art. 3 Abs. 1 lit. b OECD-MA, der solche Rechtsträger umfasst, die wie eine juristische Person besteuert werden.[106] Unter „andere Personenvereinigungen" nach Art. 3 Abs. 1 lit. a OECD-MA fallen daher solche Rechtsgebilde, die nicht rechtsfähig bzw. steuerfähig sind.[107] Die deutsche Finanzverwaltung führt im BMF-Schreiben vom 26.09.2014 zur Anwendung der DBA auf Personengesellschaften explizit aus, dass diese gemäß Art. 3 Abs. 1 lit. a OECD-MA „Person" sind.[108] Jedoch fehlt der Ausdruck „andere Personenvereinigungen" in einigen von Deutschland abgeschlossenen DBAs, so etwa im DBA-Argentinien, DBA-Kanada, DBA-Niederlande oder DBA-Portugal[109] Fehlt die Formulierung „andere Personenvereinigungen" in einem DBA, ist deshalb fraglich, ob eine Personengesellschaft auch „Gesellschaft" i.s.d. Art. 3 Abs. 1 lit. b OECD-MA sein kann.[110] Diese Frage bleibt von der deutschen Finanzverwaltung unbeantwortet. Danach sind Personengesellschaften Personen i.s.d. Art. 3 Abs. 1 lit. a OECD-MA, aber ob sie gleichzeitig „Gesellschaften" sind, bleibt offen.[111]

---

[104] Vgl. Wassermeyer, F., in: Wassermeyer, F., Doppelbesteuerung Kommentar, 2015, Art. 3 OECD-MA Rn. 11

[105] Vgl. Dürrschmidt, D., in Vogel, K./Lehner, M., DBA, 2015, Art. 3 OECD-MA Rn. 17

[106] Vgl. Wassermeyer, F., in: Wassermeyer, F., Doppelbesteuerung, Art. 3 OECD-MA Rn. 20

[107] Vgl. Weggenmann, H.R. Personengesellschaften im Licht der Doppelbesteuerungsabkommen, Bonn, 2005, S.93;Dürrschmidt in Vogel, K./Lehner, M., DBA, 2015, Art 3 OECD-MA Rn. 17; Wassermeyer, F., in: Wassermeyer, F., Doppelbesteuerung, Art. 3 OECD-MA Rn. 20

[108] Vgl. BMF-Schreiben v. 26.9.2014, Tz. 2.1.1; vgl. OECD-MK 2014, Art. 3 OECD-MA, Rz. 2

[109] Vgl. DBA Argentinien, das DBA Kanada, das DBA Niederlande oder das DBA Portugal

[110] Vgl. Weggenmann, H.R., Partnership-Report, 2002, S. 54

[111] Vgl. BMF-Schreiben v. 26.9.2014, Tz. 2.1.1

5.2.1.2. Gesellschaft i.S.d. Art. 3 Abs. 1 lit. b OECD-MA

Unter einer Gesellschaft sind nach Art. 3 Abs. 1 lit. b OECD-MA juristische Personen oder Rechtsträger, die für die Besteuerung wie juristische Personen behandelt werden, zu verstehen. Der Begriff „juristische Person" ist jedoch weder im OECD-MA noch im OECD-MK definiert.[112] Grundsätzlich stellt das Abkommen einen eigenständigen Rechtskreis dar, welches insbesondere vom Zivil- und Steuerrecht des jeweiligen Vertragsstaates unabhängig und losgelöst ist.[113]

Für die Auslegung des Begriffes „juristische Person" nimmt das OECD-MA nach Art. 3 Abs. 2 OECD-MA aber Bezug zum Steuerrecht der Vertragsstaaten.[114] Dabei ist nach der Rechtsordnung des Anwenderstaates zu befinden was unter einer „juristischen Person" im abkommensrechtlichen Sinne zu verstehen ist.[115] Wenn eine Gesellschaft nach dem Steuerrecht des Anwenderstaates tatsächlich oder potenziell Subjekt der Besteuerung ist, ist sie auch „juristische Person" i.S.d. Abkommens.[116] Aus deutscher Sicht fallen hierunter solche Gesellschaften, die nach dem Trennungsprinzip besteuert werden.[117] Da eine Personengesellschaft der deutschen Auffassung nach weder zivilrechtlich juristische Person noch steuerrechtlich eigenständiges Steuersubjekt ist, ist sie demzufolge keine „juristische Person" i.S.v. Art. 3 Abs. 1 lit. b 1. Alternative OECD-MA.[118]

Unter den Begriff „Gesellschaft" fallen nach Art. 3 Abs. 1 lit b 2. Alt. auch solche Rechtsträger, die wie juristische Personen besteuert werden. Dieser Ausdruck schließt solche Rechtsgebilde ein, die nicht juristische Personen sind, aber rechts- bzw. teilrechtsfähig sind und der einer juristischen Person typischen Be-

---

[112] Vgl. Weggenmann, H.R., Partnership-Report, 2002, S. 53;

[113] Vgl. Schönfeld, J./Häck, N., in: Schönfeld, J./Ditz, X., Doppelbesteuerung Kommentar, 2013, Systematik Rn. 78

[114] Vgl. Pohl, C., in: Schönfeld, J./Ditz, X., Doppelbesteuerungsabkommen Kommentar, 2013, Art. 3 OECD-MA Rz 14-15

[115] Vgl. Pohl, C., in: Schönfeld, J./Ditz, X., Doppelbesteuerungsabkommen Kommentar, 2013, Art. 3 OECD-MA Rz 15

[116] Vgl. Wassermeyer, F., in: Wassermeyer, F., Doppelbesteuerung Kommentar, 2015, Art. 3 OECD-MA Rn. 18

[117] Vgl. Dürrschmidt, D.; in: in Vogel, K./Lehner, M., DBA, 2015, Art. 3 OECD-MA Rn. 13-13a

[118] Vgl. Pohl, C., in: Schönfeld, J./Ditz, X., Doppelbesteuerungsabkommen Kommentar, 2013, Art. 3 OECD-MA Rz 14-17

steuerung unterliegen.[119] Maßgeblich ist für die Beurteilung wieder die Sichtweise des Anwenderstaats.[120] Aus deutscher Perspektive fallen hierunter beispielweise nichtrechtsfähige Vereine oder Stiftungen, die wie Kapitalgesellschaften selbst Steuersubjekt sind. Demnach fallen, jedenfalls aus deutscher Sicht, hierunter nicht Personengesellschaften.[121] Andere Vertragsstaaten besteuern jedoch auch Personengesellschaften wie juristische Personen bzw. geben der Personengesellschaft ein Optionsrecht wie Kapitalgesellschaften besteuert zu werden. In diesen Vertragsstaaten fällt dann eine Personen-gesellschaft unter den Gesellschaftsbegriff i.S.v. Art. 3 Abs. 1 lit b OECD-MA.[122]

Im Ergebnis lässt sich festhalten, dass Personengesellschaften, die transparent besteuert werden, keine Gesellschaften i.S.d. Art. 3 Abs. 1 lit. b OECD-MA sind, aber unter den Begriff „andere Personenvereinigungen" fallen.[123] Dieses Ergebnis bestätigt auch der OECD-MK, der zu Art. 3 Abs. 1 OECD-MA ausführt, dass Personengesellschaften Person i.S.d. Abkommens sind, sei es weil sie unter den Ausdruck Gesellschaft zu subsumieren sind, oder wo dies nicht der Fall ist, andere Personenvereinigungen darstellen.[124] Bei ausländischen Rechtsgebilden kann regelmäßig unklar sein, ob sie als juristische Personen zu klassifizieren sind. Daher ist für die Einordnung des ausländischen Gebildes ein Typenvergleich (s.o.) durchzuführen.[125]

5.2.2. Ansässigkeit nach Art. 4 OECD-MA

Damit eine Personengesellschaft nach Art. 1 OECD-MA in den Schutzbereich des Abkommens fällt, muss sie neben der Personeneigenschaft nach Art.3 Abs.

---

[119] Vgl. Pohl, C., in: Schönfeld, J./Ditz, X., Doppelbesteuerungsabkommen Kommentar, 2013, Art. 3 OECD-MA Rn. 20

[120] Vgl. Pohl, C., in: Schönfeld, J./Ditz, X., Doppelbesteuerungsabkommen Kommentar, 2013, Art. 3 OECD-MA Rn. 21

[121] Vgl. Pohl, C., in: Schönfeld, J./Ditz, X., Doppelbesteuerungsabkommen Kommentar, 2013, Art. 3 OECD-MA Rn. 22

[122] Vgl. Wassermeyer, F., in: Wassermeyer, F., Doppelbesteuerung Kommentar, 2015, Art. 1 OECD-MA Rn. 2 ; Wilke, K.M., in: Gosch, D./Grotherr, S./Kroppen, H.K., DBA-Kommentar, 2015, Art. 3 OECD-MA Rn. 20

[123] Vgl. Wassermeyer, F., in: Wassermeyer, F./Richter, S./Schnittker, H., Personengesellschaften im internationalen Steuerrecht, 2015, Rn. 2.21

[124] Vgl. Wassermeyer, F., in: Wassermeyer, F., Doppelbesteuerung Kommentar, 2015, Art. 1 OECD-MA Rn. 28a

[125] Vgl. Pohl, C., in: Schönfeld, J./Ditz, X., Doppelbesteuerungsabkommen Kommentar, 2013, Art. 3 OECD-MA Rn. 18 u. Rn. 22

1 lit. a OECD-MA als zweite Tatbestandvoraussetzung in einem oder in beiden Vertragsstaaten ansässig sein.[126] Ob und in welchem Vertragsstaat eine Person ansässig ist, regelt Art. 4 OECD-MA.[127] Demnach ist eine Person nach Art. 4 OECD-MA dann in einem Vertragsstaat ansässig, wenn sie nach dem Recht dieses Staates dort auf Grund ihres Wohnsitzes, ihres ständigen Aufenthalts, des Ortes ihrer Geschäftsleitung oder eines anderen ähnlichen Merkmals steuerpflichtig ist.

Die Voraussetzungen der Ansässigkeit werden in dieser Vorschrift nicht eigens definiert, sondern es erfolgt eine Verweisung auf steuerpflichtbegründende Merkmale des innerstaatlichen Rechts, durch die eine besondere Nähebeziehung zu einem Staat begründet wird.[128] Zwar wird die unbeschränkte Steuerpflicht in Art. 4 Abs. 1 Satz 1 OECD-MA nicht ausdrücklich genannt, aber aus dem Zusammenhang und insbesondere aus Art. 4 Abs. 1 Satz 2 OECD-MA ergibt sich, dass die Ansässigkeit in dem Staat nur durch die unbeschränkte Steuerpflicht, in eben jenem Staat, begründet wird.[129] Die unbeschränkte Steuerpflicht wiederum bestimmt sich unter Verweisung nach den Kriterien des innerstaatlichen Rechts.[130] Folglich besteht zwischen unbeschränkter Steuerpflicht und Ansässigkeit eine innere Beziehung dergestalt, dass die Ansässigkeit auf der unbeschränkten Steuerpflicht aufbaut.[131]

Für Personengesellschaften kann dies daher kritisch sein, wenn sie wie z.B. in Deutschland weder Einkommensteuer- noch Körperschaftsteuersubjekt sind.[132] In einem Vertragsstaat, der Personengesellschaften transparent besteuert, bedeutet dies, dass eine Personengesellschaft zwar regelmäßig Person i.S.d. Art. 3

---

[126] Vgl. Pohl, C., in: Schönfeld, J./Ditz, X., Doppelbesteuerungsabkommen Kommentar, 2013, Art. 4 OECD-MA Rn. 2

[127] Vgl. Pohl, C., in: Schönfeld, J./Ditz, X., Doppelbesteuerungsabkommen Kommentar, 2013, Art. 4 OECD-MA Rn. 1

[128] Vgl. Wassermeyer, F./Kaeser, C., in: Wassermeyer, F., Doppelbesteuerung Kommentar, 2015, Art. 4 OECD-MA Rn. 1-2; Lehner, M., in: Vogel, K./Lehner, M., DBA, 2015, Art. 4 OECD-MA Rn. 2

[129] Vgl. Wassermeyer, F./Kaeser, C., in: Wassermeyer, F., Doppelbesteuerung Kommentar, 2015, Art. 4 OECD-MA Rn. 2

[130] Vgl. Lehner, M., in: Vogel, K./Lehner, M., DBA, 2015, Art. 4 OECD-MA Rn. 2

[131] Vgl. Wassermeyer, F./Kaeser, C., in: Wassermeyer, F., Doppelbesteuerung Kommentar, 2015, Art. 4 OECD-MA Rn. 2

[132] Vgl. Wassermeyer, F./Kaeser, C., in: Wassermeyer, F., Doppelbesteuerung Kommentar, 2015, Art. 4 OECD-MA Rn. 30

Abs. 1 lit. a OECD-MA ist, jedoch mangels eigener Steuerpflicht in diesem Staat nicht ansässig sein kann. Dies ist insoweit auch für den anderen Vertragsstaat maßgeblich, selbst wenn dieser eine Personengesellschaft als eigenständiges Steuersubjekt betrachtet und insofern nach dem Trennungs-prinzip besteuert.[133] Wird die Personengesellschaft umgekehrt in dem Staat, in dem sie ihren Ort der Geschäftsleitung unterhält, nach dem Steuerrecht dieses Staates als eigenes Steuersubjekt anerkannt, so ist sie dort ansässig.[134] Ebenso gilt dies wieder für den anderen Vertragsstaat auch wenn dieser die Steuersubjektivität einer Personengesellschaft negiert.[135] Die Gewerbesteuer-pflicht einer Personengesellschaft begründet nach der h.M., anders als nach der Entscheidung des indischen Income Tax Appellate Tribunal vom 04.07.2008, grundsätzlich nicht deren Ansässigkeit.[136].

In einigen von der Bundesrepublik Deutschland abgeschlossenen DBAs, wie beispielsweise im DBA-Belgien, wird dieser Fall in der Weise entschärft, als dass einer Personengesellschaft Abkommensschutz eingeräumt wird, da sie ausdrücklich als eine ansässige Person fingiert wird.[137] Allerdings gilt diese Fiktion nach Ansicht der Rechtsprechung nur für die Einkünfte, die die Personengesellschaft erzielt und nicht für die der Gesellschafter.[138] Außerdem kann es im jeweiligen DBA, wie z.B. im DBA-USA, Sonderregelungen geben, wonach eine US-amerikanische LLC, die auf eine transparente Besteuerung optiert, als solche ansässig ist, soweit abkommensberechtigte Gesellschafter an ihr beteiligt sind. Der Gesellschaft wird also ein Wahlrecht gewährt auf Grund dessen diese zwischen den beiden Besteuerungskonzeptionen, transparente und intransparente Besteuerung, wählen darf. Wurde die transparente Behandlung gewählt, ist die

[133] Vgl. Pohl, C., in: Schönfeld, J./Ditz, X., Doppelbesteuerungsabkommen Kommentar, 2013, Art. 4 OECD-MA Rn. 29

[134] Vgl. Wassermeyer, F./Kaeser, C., in: Wassermeyer, F., Doppelbesteuerung Kommentar, 2015, Art. 4 OECD-MA Rn. 30; Pohl, C., in: Schönfeld, J./Ditz, X., Doppelbesteuerungsabkommen Kommentar, 2013, Art. 4 OECD-MA Rn. 29

[135] Vgl. Pohl, C., in: Schönfeld, J./Ditz, X., Doppelbesteuerungsabkommen Kommentar, 2013, Art. 4 OECD-MA Rn. 29

[136] Vgl. Dremel, D., in: Schönfeld, J./Ditz, X., Doppelbesteuerungsabkommen Kommentar, 2013, Art. 1 OECD-MA Rn. 42; Wassermeyer, F. in: Wassermeyer, F./Richter, S./Schnittker, H., Personengesellschaften im internationalen Steuerrecht, 2015, Rn. 4.25

[137] Vgl. Wassermeyer, F./Kaeser, C., in: Wassermeyer, F., Doppelbesteuerung Kommentar, 2015, Art. 4 OECD-MA Rn. 30

[138] Vgl. BFH v. 13.11.2013, I R 67/12, BStBl. II 2014, 172

Personengesellschaft zwar regelmäßig Person, aber aufgrund der fehlenden Ansässigkeit nicht abkommensberechtigt. Ist andererseits für die intransparente Variante optiert worden, stellt die Option grundsätzlich ein ortsbezogenes „anderes ähnliches Merkmal" i.S.v. Art. 4 Abs. 1 OECD-MA dar, welches die unbeschränkte Steuerpflicht begründet, womit die Personen-gesellschaft abkommensberechtigt ist.[139] Andere DBAs, wie z.b. das DBA-Aserbeidschan, knüpfen die Ansässigkeit der Personengesellschaft an den Ort ihrer tatsächlichen Geschäftsleitung[140], oder bestimmen, wie im DBA-Italien, dass die Personengesellschaft in dem Staat ansässig ist, in dem sich der Hauptgegenstand ihrer Tätigkeit befindet.[141]

5.2.3. Zwischenergebnis

Bei grenzüberschreitenden Fallkonstellationen sind Personengesellschaften der rechtlichen Würdigung mehrerer Jurisdiktionen ausgesetzt. Hierbei kommt es häufig bei Personengesellschaften zu Qualifikationskonflikten, wenn die beteiligten Staaten bei der rechtlichen Beurteilung des Sachverhalts zu divergierenden Ergebnissen kommen. Ursächlich für diesen sog. subjektiven Qualifikationskonflikt ist die unterschiedliche steuerrechtliche Behandlung von Personengesellschaften mit der Folge, dass die Einkünfte unterschiedlichen Steuersubjekten zugerechnet werden.[142] Derartige Qualifikationskonflikte können zu Doppelbesteuerung oder zur doppelten Nichtbesteuerung von grenzüberschreitenden Sachverhalten führen. Für die Lösung solcher abkommensrechtlicher Konflikte haben sich teilweise sehr unterschiedliche Lösungsansätze entwickelt.[143] Bei der abkommensrechtlichen Einordnung ausländischer Rechtsgebilde bildet die Beurteilung als Personen- oder Kapitalgesellschaft auf der Grundlage des Typenvergleichs den Ausgangspunkt. Regelmäßig ist die Personengesellschaft als Person einzuordnen, weil sie entweder unter diesen Begriff gemäß Art. 3 Abs. 1 lit. a OECD-MA oder unter Art. 3 Abs. 1 lit. b OECD-MA fällt. Die anschließende

---

[139] Vgl. BFH v. 20.8.2008, BStBl. II 2009, 234; Lehner, M., in: Vogel, K./Lehner, M., DBA, 2015, Art. 4 OECD-MA Rn. 74; Wehrße, M., Grenzüberschreitende Besteuerung, 2011, S. 103-105

[140] Vgl. DBA Aserbeidschan

[141] Vgl. DBA Italien; Lehner, M., in: Vogel, K./Lehner, M., DBA, 2015, Art. 4 OECD-MA Rn. 149

[142] Vgl. Wassermeyer, F., in: Wassermeyer, F./Richter, S./Schnittker, H., Personengesellschaften im internationalen Steuerrecht, 2015, Rn. 2.30

[143] Vgl. Wassermeyer, F., in: Wassermeyer, F./Richter, S./Schnittker, H., Personengesellschaften im internationalen Steuerrecht, 2015, Rn. 2.30

Prüfung als ansässige Person richtet sich danach, ob die Personengesellschaft als solche in dem Vertragsstaat, aufgrund der in Art. 4 Abs. 1 OECD-MA genannten Merkmale, Steuersubjekt ist.[144]

---

[144] Vgl. Lehner, M., in: Vogel, K./Lehner, M., DBA Kommentar, Art. 4 OECD-MA Rn 2-4

6. Fallkonstellationen im grenzüberschreitenden Kontext

Häufig unterscheidet sich die zivilrechtliche und steuerrechtliche Behandlung von Personengesellschaften in den einzelnen Staaten. Wie bereits dargestellt kommen, bei Personengesellschaften zwei grundverschiedene Konzepte in Betracht, die mitunter auch abkommensrechtliche Konsequenzen haben können. Ordnen die beteiligten Vertragsstaaten eine Personengesellschaft nach ihrem innerstaatlichen Recht übereinstimmend als transparentes oder übereinstimmend als intransparentes Gebilde ein, so bestehen bei einer grenzüberschreitenden Konstellation regelmäßig keine Probleme. Komplexer und strittig ist jedoch ein grenzüberschreitender Sachverhalt, falls die beteiligten Staaten in Bezug auf die Personengesellschaft unterschiedliche Besteuerungskonzepte verfolgen.[145]

6.1. Vorgehensweise

Im Folgenden werden denkbare bilaterale Fallkonstellationen zuerst zur Veranschaulichung dargestellt. Hier sind Fälle übereinstimmender und Fälle unterschiedlicher Einordnung von Personengesellschaften in den beteiligten Vertragsstaaten denkbar. Nachdem auf die Problematik, die bei einer unterschiedlichen Behandlung der Personengesellschaften in den beteiligten Staaten auftritt, eingegangen wurde, werden anschließend die in der Literatur vertretenen Lösungsvorschläge diskutiert. Hierbei wird vor allem auf deren Rechtsgrundlage eingegangen. Nachfolgend wird eine Entscheidung zu einer dieser Ansichten getroffen und anhand dieser wird versucht die verschiedenen grenzüberschreitenden Fallkonstellationen zu lösen. Eine Zusammenfassung der Ergebnisse schließt die Untersuchung ab.

6.2. Übereinstimmende Konzepte der Personengesellschaftsbesteuerung

Bei grenzüberschreitenden Sachverhalten können die beteiligten Staaten auch ein einheitliches Besteuerungskonzept hinsichtlich Personengesellschaften verfolgen. So können sie die Personengesellschaft entweder übereinstimmend als steuerlich transparentes oder als steuerlich intransparentes Rechtsgebilde behan-

---

[145] Vgl. Dremel, D., in: Schönfeld, J./Ditz, X., Doppelbesteuerungsabkommen Kommentar, 2013, Art. 1 OECD-MA Rn. 41

deln. Die Implikationen der einheitlichen Behandlung sind grundsätzlich wenig problematisch.[146]

6.3. Divergierende Konzepte der Personengesellschaftsbesteuerung

Problematischer sind grenzüberschreitende Sachverhalte mit unterschiedlicher Subjektqualifikation. So kann die Gesellschaft in einem Staat als steuerlich transparentes Gebilde betrachtet werden, während der andere Staat (Ansässigkeitsstaat es Gesellschafters oder Quellenstaat) die Gesellschaft intransparent besteuert. Der umgekehrte Fall, bei dem die Gesellschaft im erstgenannten Staat intransparent und im anderen transparent besteuert wird, ist auch möglich. Diese Sachverhalte mit unterschiedlicher Beurteilung in den beteiligten Vertragsstaaten sind die schwierigen und umstrittenen Konstellationen.[147] Fallen Sitz-, Ansässigkeits- und Quellenstaat auseinander wird der Sachverhalt komplexer.[148]

6.3.1 Problemstellung

Die Problematik im Falle einer abweichenden Qualifikation, wie in 6.3. angerissen, wird dann deutlich, wenn man eine isolierte Betrachtung der Abkommensanwendung der beteiligten Staaten anstellt. Für den in 6.3. erstgenannten Fall (Intransparenz-Transparenz), ergibt sich aus der isolierten Perspektive des ersten Staates die Abkommensberechtigung der Personengesellschaft. Gemäß der Sichtweise des anderen Staates ist die ausländische Gesellschaft regelmäßig nicht abkommensberechtigt.[149] Im umgekehrten Fall (Transparenz-Intransparenz) behandelt der Sitzstaat der Personengesellschaft diese als steuerlich transparentes Gebilde, während der Ansässigkeitsstaat die Steuersubjektivität der Personengesellschaft bejaht. Aus der isolierten Sicht des ersten Staates ist die Personengesellschaft nicht abkommensberechtigt.[150]

In diesen Fällen sprechen die beteiligten Staaten unterschiedlichen Personen die Abkommensberechtigung und auch die Einkünfte zu. Der Sitzstaat rechnet im

---

[146] Vgl. Prokisch, R., in: Vogel, K./Lehner, M., DBA Kommentar, Art. 1 OECD-MA Rn. 25-28

[147] Vgl. Prokisch, R., in: Vogel, K./Lehner, M., DBA Kommentar, Art. 1 OECD-MA Rn. 30-36f

[148] Vgl. Wassermeyer, F., in: Wassermeyer, F./Richter, S./Schnittker, H., Personengesellschaften im internationalen Steuerrecht, 2015, Rn. 2.30

[149] Vgl. Wassermeyer, F., in: Wassermeyer, F., Doppelbesteuerung Kommentar, 2015, Art. 1 OECD-MA Rn. 27a

[150] Vgl. Prokisch, R., in: Vogel, K./Lehner, M., DBA, 2015, Art. 1 OECD-MA Rn. 35

ersten Fall die generierten Einkünfte der Personengesellschaft im Rahmen ihrer unbeschränkten Steuerpflicht zu, während es bei den Gesellschaftern erst bei Gewinnverwendung zur Steuerpflicht kommt. Demgegenüber wird der Ansässigkeitsstaat die Einkünfte den Gesellschaftern im Zeitpunkt der Gewinnentstehung zuteilen.[151] Dies kann dazu führen, dass unterschiedliche Abkommen angewandt werden könnten. Ursächlich dafür sind die verschiedenen Wertungen in den nationalen Rechtsordnungen.[152] Aus der Steuerpflicht der Personengesellschaft in ihrem Sitzstaat folgt, dass dem Sitzstaat ein unbeschränktes Besteuerungsrecht gemäß Art. 7 Abs. 1 Satz 1 OECD-MA zusteht. Die Mitunternehmer der Personengesellschaft können sich, sofern sie in ihrem Staat transparent besteuert werden, darauf berufen. Umstritten ist in diesem Zusammenhang ferner, ob die Personengesellschaft, entsprechend der Auffassung der Finanzverwaltung, aus dem Abkommen ermächtigt ist, Quellensteuerentlastungen aus eigenem Recht zu beantragen.[153]

Die unterschiedliche Einordnung hat je nach Perspektive des jeweiligen Staates unterschiedliche Konsequenzen. Aus der Sicht des Ansässigkeitsstaats des Gesellschafters führt seine Beteiligung bei transparenter Behandlung der Personengesellschaft zu ausländischen Betriebsstätteneinkünften, wohingegen der Ansässigkeitsstaat bei einer intransparenten Behandlung nur im Ausschüttungsfall die erhaltenen Dividenden besteuern dürfte. Umgekehrt ist aus der Sicht des Quellenstaates ebenso von Bedeutung, ob die Personengesellschaft als transparentes oder intransparentes Rechtsgebilde behandelt wird, da sich hieraus das entsprechend anzuwendende DBA ergibt. So findet das zwischen Quellenstaat und Sitzstaat abgeschlossene DBA Anwendung, wenn die Personengesellschaft selbst Steuersubjekt und damit ansässige Person ist. Sofern die Personengesellschaft nicht als Steuersubjekt angesehen wird, ist auf das zwischen dem Quellenstaat und dem jeweiligen Ansässigkeitsstaat geschlossene DBA abzustellen.[154]

---

[151] Spengler, C./Schaden, M./Wehrße, M., Grenzüberscheitende Besteuerung, 2012, StuW 2012, S. 110

[152] Vgl. Dremel, D., in: Schönfeld, J./Ditz, X., Doppelbesteuerungsabkommen Kommentar, 2013, Art. 1 OECD-MA Rn. 51

[153] Vgl. Wassermeyer, F., in: Wassermeyer, F., Doppelbesteuerung Kommentar, Art 1OECD-MA Rn 19

[154] Vgl. Dremel, D., in: Schönfeld, J./Ditz, X., Doppelbesteuerungsabkommen Kommentar, 2013, Art. 1 OECD-MA Rn. 51

Hinsichtlich der Besteuerung der Gesellschafter ist bei divergierenden Steuerkonzepten in den beteiligten Staaten dahingehend zu differenzieren, ob für den Gesellschafter entweder die Quellenbesteuerung sowie die Anrechnung in Betracht kommt oder aber die Besteuerung des Gesellschafters infolge der Zurechnung der Gesellschaftseinkünfte.[155]

6.3.2. Darstellung des Meinungsstands in der Literatur

Fälle subjektiver Qualifikationskonflikte könnten, einer Ansicht der Literatur folgend, dahingehend gelöst werden, dass die Einordnung der Personengesellschaft im abkommensrechtlichen Kontext innerhalb der beteiligten Staaten verknüpft wird, also eine Bindung eines Vertragsstaates an die Qualifikation der Personengesellschaft durch den anderen Staat erfolgt.[156] So soll die Einordung des Sitzstaates der Gesellschaft maßgeblich für den Quellenstaat sein, wenn die Gesellschaft im Sitzstaat als ansässig und abkommensberechtigt angesehen wird. Das bedeutet, dass die Einordnung im Sitzstaat der Personengesellschaft über die Abkommensberechtigung entscheidet und bspw. der Quellenstaat Abkommensvorteile (Quellensteuerreduktion bzw. –befreiung) gewähren muss.[157] Umgekehrt kann hiernach auch der Ansässigkeitsstaat an die Einordnung der Einkünfte gebunden sein. Danach muss der Ansässigkeitsstaat die Einkünfte freistellen oder Steuern anrechnen, sofern der Quellenstaat auf Grundlage seines innerstaatlichen Rechts einen Besteuerungsanspruch hatte.[158] Die gegenläufige Meinung verneint die staatenübergreifende Bindung und hält die autonome Anwendung des Abkommens für richtig. Danach ergebe sich die abkommensrechtliche Qualifikation der Personengesellschaft aus der Sichtweise des jeweiligen Anwendestaates.[159]

---

[155] Vgl. Frotscher, G., Internationales Steuerrecht, 3. Auflage, 2009, Rn. 347

[156] Weggenmann, H.R., Partnership-Report, 2002, S. 131; Wassermeyer, F., in: Wassermeyer, F., Doppelbesteuerung Kommentar, Art. 1 OECD-MA Rn. 27a

[157] Vgl. Krabbe, H. StbJb 2000/01, S. 183-186; Weggenmann, H.R., Partnership-Report, 2002, S. 131-132; Raupach A., Festschrift Vogel, 2000, S. 1080; Schaumburg, H., Stbg 1999, S. 156; Schmidt, C., IStR 1996, S. 14-17; Riemenschneider, S., Abkommensberechtigung, 1995, S. 85; Knobbe-Keuk, B., RIW 1991, S. 306; Piltz, D.J., Personengesellschaften, 1981, S. 134-135

[158] Vgl. Schmidt, C., DBA auf Personengesellschaften, 2010, IStR 2010, S. 413-415

[159] Vgl. Wassermeyer, F., in: Wassermeyer, F./Richter, S./Schnittker, H., Personengesellschaften im internationalen Steuerrecht, 2015, Rn. 4.8; Dremel, D., in: Schönfeld, J./Ditz, X., Doppelbesteuerungsabkommen Kommentar, 2013, Art. 1 OECD-MA Rn. 50

Im Wesentlichen geht es also darum, ob und gegebenenfalls mit welcher Wirkung es zu einer Qualifikationsverkettung kommen soll, oder aber jeder Vertragsstaat autonome Entscheidungen über die Abkommensberechtigung auf Grundlage seines eigenen innerstaatlichen Rechts trifft.[160]

Im Folgenden sollen die vertretenen Ansichten eingehend vorgestellt und diskutiert werden. Dabei liegt der Fokus auf der entsprechenden Rechtsgrundlage der jeweiligen Auffassung.

6.3.3. Abkommensorientierte Sichtweise (Qualifikationsverkettung)

Nach der abkommensorientierten Sichtweise kommt es zu einem staatenübergreifenden Lösungsansatz. Danach soll je nach Kontext entweder der Quellenstaat an die Qualifikation durch den Sitzstaat gebunden, oder aber der Ansässigkeitsstaat an die Klassifizierung durch den Quellenstaat gebunden sein. Zudem soll diese Qualifikation auf die Einkünftezurechnung durchschlagen.[161] Danach muss der Quellenstaat die Personengesellschaft als Steuersubjekt und damit als abkommensberechtigt anerkennen.[162] Dieser Auffassung folgend, ist die Behandlung der Personengesellschaft in ihrem Sitzstaat auch für die anderen Staaten maßgebend. Der Personengesellschaft sind die Abkommensvorteile dann zu gewähren, wenn sie in ihrem Sitzstaat eigenständiges Steuersubjekt und damit abkommensberechtigt ist.[163] Ferner ist nach dieser Meinung, die auf dem sog. OECD Partnership-Report beruht, die Personengesellschaft zudem als Betreiber des Unternehmens nach Art. 3 Abs. 1 lit. d OECD-MA anzu-erkennen.[164] Diese Auffassung teilen die OECD[165] und die deutsche Finanzverwaltung.[166]

---

[160] Vgl. Wassermeyer, F., in: Wassermeyer, F., Doppelbesteuerung Kommentar, 2015, Art. 1 OECD-MA Rn. 27a; Prokisch, R., in: Vogel, K./Lehner, M., DBA, 2015, Art. 1 OECD-MA Rn. 30; Dremel, D. in: Schönfeld, J./Ditz, X., Doppelbesteuerungsabkommen Kommentar, 2013, Art. 1 OECD-MA Rn. 50

[161] Vgl. Wassermeyer, F., in: Wassermeyer, F./Richter, S./Schnittker, H., Personengesellschaften im internationalen Steuerrecht, 2015, Rn. 4.7

[162] Vgl. Krabbe, H., in StbJb 2000/2001, S. 183-203;

[163] Vgl. Jacobs, O.H., Internationale Besteuerung, 2011, S. 500; Wassermeyer, F. in: Wassermeyer, F./Richter, S./Schnittker, H., Personengesellschaften im internationalen Steuerrecht, 2015, Rn. 4.14

[164] Vgl. Wassermeyer, F., in: Wassermeyer, F./Richter, S./Schnittker, H., Personengesellschaften im internationalen Steuerrecht, 2015, Rn. 4.14; OECD, The Application of the OECD Model Tax Covention to Partnerships, Issues in International Taxation No. 6 (1999)

[165] Vgl. Dremel, D., in: Schönfeld, J./Ditz, X., Doppelbesteuerungsabkommen Kommentar, 2013, Art. 1 OECD-MA Rn. 52-53

Fraglich ist, ob im Rahmen der Bindung des einen Vertragsstaates an die steuerliche Behandlung im anderen Vertragsstaat eine entsprechende Rechtsgrundlage besteht. Zum einen wird als Rechtsgrundlage Art. 23A Abs. 4 OECD-MA angeführt. Jedoch enthalten viele von der Bundesrepublik abgeschlossene Abkommen diese Vorschrift nicht. Art. 23A Abs. 4 OECD-MA bestimmt, dass Abs.1 desselben Artikels nicht angewendet werden soll, was bedeutet, dass der Sitzstaat keine Steuerbefreiung gewährt sofern der Quellenstaat das Abkommen in der Art anwendet, dass dieser seinerseits die Einkünfte von der Besteuerung ausnimmt bzw. es zur Anwendung von Art. 10 Abs. 2 oder Art. 11 Abs. 2 OECD-MA kommt.[167] Die OECD nimmt eine Bindung zwischen den Staaten an und argumentiert mit der strikten Wortlaut-interpretation von Art. 23A und 23B OECD-MA. Danach solle bspw. ein positiver Qualifikationskonflikt durch Wertungsübernahme des Quellenstaates durch den Ansässigkeitsstaat gelöst werden. Der Ansässigkeitsstaat wäre dann zur Gewährung von Entlastungsmaßnahmen für Einkünfte, die der Quellenstaat auch besteuert, verpflichtet.[168]

Zur weiteren Begründung wird für die Maßgeblichkeit der Einordung des Sitzstaates mit einer teleologischen Auslegung des Art. 3 Abs. 1 lit. b OECD-MA argumentiert.[169] Nach Vogel solle eine Bindung erfolgen, wenn der Sitzstaat die Personengesellschaft als steuerlich intransparent besteuere. Diese Vorschrift behandelt juristische Personen bzw. Rechtsträger, die wie juristische Personen besteuert werden. Sofern der andere Staat die Personengesellschaft als juristische Person bzw. wie eine juristische Person besteuert, müsse auch der andere Anwendestaat annehmen, dass es sich um eine juristische Person handelt.

Aufgrund der fehlenden Definition des Begriffs „juristische Person", müsse insoweit auf die nationale Rechtsordnung des jeweiligen Staats für eine Bestimmung zurückgegriffen werden. Somit würde sich bei ausländischen Rechtsgebilden die Eigenschaft als juristische Person gerade nicht nach den Grundsätzen eines Typenvergleichs richten, sondern nach dem Recht des Sitz- bzw. Gründungsstaates. Somit müsse auch der andere Staat anerkennen, dass es sich um eine juristische Person handelt, sofern die Gesellschaft nach der Rechtsordnung

---

[166] Vgl. BMF v. 26.9.2014, Tz. 4.1.3.3.1.

[167] Vgl. Wassermeyer, F., in: Wassermeyer, F./Richter, S./Schnittker, H., Personengesellschaften im internationalen Steuerrecht, 2015, Rn. 4.20

[168] Vgl. OECD-MK, 2014, Tz. 32.6

[169] Vgl. Piltz, D.J., Personengesellschaften, 1981, S. 133-135, Schaumburg, H., IStR 1998, Rn. 16.171, Riemenschneider, S., Abkommensberechtigung, 1995, S. 81-83

seines Sitz- bzw. Gründungstaates juristische Person ist. Im Ergebnis seien dann solche Personengesellschaften, die nach den ausländischen Statuten juristische Personen sind, auch aus der Sicht des anderen Staates abkommensberechtigt.[170]

Schwächen zeigt Vogels Argumentation dann auf, wenn es um Gesellschaften geht, die im Ausland wie juristische Personen besteuert werden, aber nach dem Zivilrecht ihres Staates keine juristische Person sind. Das wäre in Rechtsordnungen der Fall, die den Gesellschaften ein Optionsrecht zur Besteuerung als Körperschaft gewähren, wie dies beispielsweise in den USA nach den „check-the-box-rules", oder in Frankreich möglich ist.

Des Weiteren hinkt Vogels Begründung dahingehend, dass er die Abkommensberechtigung allein anhand des Ausdrucks „juristische Person" abhängig macht. Um Abkommensvorteile in Anspruch nehmen zu dürfen, muss gleichermaßen das Ansässigkeitserfordernis erfüllt sein. Nach seiner Ansicht wäre der andere Staat zwar dazu verpflichtet die ausländische Personen-gesellschaft als juristische Person anzuerkennen, aber demgegenüber wäre es nicht zwingend, das Ansässigkeitserfordernis gemäß Art. 4 Abs. 1 OECD-MA nach der Beurteilung des anderen Staates zu übernehmen.[171]

Ferner wird mit dem Sinn und Zweck des Abkommens begründet, dass das DBA im Grunde zum Ziel hat, Doppelbesteuerungen zu vermeiden. Daher wäre es zur Zielerreichung notwendig, dass die beteiligten Vertragsstaaten auf dasselbe Rechtsgebilde abstellen. Bestätigt sehen sich andere Vertreter dieser Meinung in Art. 4 Abs.1 OECD-MA, der explizit auf die Rechtsordnung des Sitzstaates verweist und deshalb auch der andere Staat (Quellenstaat, Ansässigkeitsstaat des Gesellschafters) daran gebunden sein solle.[172] Zudem wird angeführt, dass im OECD-MK der Begriff „Gesellschaft" auch andere Rechtsträger beinhalte, „die von den Steuergesetzen des Vertragsstaates, in dem sie errichtet sind, wie juristische Personen behandelt werden."[173]

An seine Grenzen stößt die h.M. jedoch bei der Quellensteuerermäßigung. So wird man grundsätzlich nicht davon ausgehen können, dass der Quellenstaat, der die Personengesellschaft als steuerlich transparent ansieht, eine solche Ermäßi-

---

[170] Vgl. Vogel, K, IStR 1999, S. 5-6

[171] Vgl. Weggenmann, H.R., Partnership-Report, 2002, S. 137

[172] Vgl. Wehrße, M., Grenzüberschreitende Besteuerung, 2011, S. 108-109; Raupach, A., Festschrift Vogel, 2000, S. 1079-1080

[173] Vgl. OECD-MK 2014, Art. 3 OECD-MA Rn. 3

gung nach innerstaatlichem Recht für Personengesellschaften vorsieht. Die Abkommensberechtigung der Personengesellschaft wäre damit ohne Bedeutung, weil sie im Quellenstaat kein Steuersubjekt ist.[174] Aufgrund dessen sehen einige Autoren allein die Abkommensberechtigung der Personen-gesellschaft für den Quellenstaat nicht als bindend an. Prokisch schlägt vor, den Quellenstaat dazu zu verpflichten den Abkommensschutz der Gesellschaft dann auch auf die Gesellschafter durchschlagen zu lassen. Probleme bereitet diese Ansicht dann, wenn die Gesellschaft und die Gesellschafter in verschiedenen Staaten ansässig sind.[175]

Für den umgekehrten Fall, dass die Personengesellschaft in ihrem Sitzstaat als steuerlich transparentes Gebilde und im anderen Staat als steuerlich intransparent angesehen wird, gibt es in der Literatur verschiedene Meinungen. Debatin sieht eine Verknüpfung der Einordnung zwischen den Staaten als verpflichtend an, weil es ansonsten zu einem Widerspruch des innerstaatlichen Rechts des Staates, der die Personengesellschaft als Steuersubjekt ansieht, kommen würde, was gegen die völkerrechtlichen Grundsätze verstoßen würde.[176]

Auch Lechner teilt diese Auffassung, sofern der Staat die Personengesellschaft als eigenständiges Steuersubjekt behandelt und damit diesem die Abkommensvorteile gewährt hätte. Riemenschneider hingegen kritisiert diese Auffassung und sieht keinen Widerspruch mit der Rechtsordnung des Vertragsstaates als gegeben an. Die zentralen Vorschriften des Abkommens, Art. 3 Abs. 1 lit. a und b sowie Art. 4 Abs. 1 OECD-MA greifen gerade nicht auf die Rechtsordnung des Quellenstaates, sondern auf die des Sitz- bzw. Ansässigkeitsstaates zurück.[177]

Vogel hingegen nimmt eine Verpflichtung des Quellenstaates an, die Personengesellschaft als abkommensberechtigt anzusehen. Er begründet seine Ansicht mit der fiktiven Ansässigkeit der Gesellschaft im Sitzstaat, da die Personengesellschaft jene Merkmale aufweise, die bei gegebener Steuerpflicht diese zur unbeschränkten machen würde. Es kommt für ihn nicht darauf an, ob die Gesell-

[174] Vgl. Weggenmann, H.R., Partnership-Report, 2002, S. 133; Wassermeyer, F., in: Wassermeyer, F., Doppelbesteuerung Kommentar, 2015, Art. 1 OECD-MA Rn. 28d

[175] Vgl. Wassermeyer, F., in: Wassermeyer, F./Richter, S./Schnittker, H., Personengesellschaften im internationalen Steuerrecht, 2015, Rn. 4.13

[176] Vgl. Debatin, H., BB 1989, Beilage 2, S. 7-8

[177] Vgl. Riemenschneider, S., Abkommensberechtigung, 1995, S. 90-91

schaft in ihrem Sitzstaat Steuersubjekt ist. Denn auch eine steuerbefreite gemeinnützige Gesellschaft könne im Sitzstaat ansässig sein.[178]

M. Lang hat sich dieser Meinung angeschlossen. Für ihn mache es Sinn, demjenigen die Abkommensvorteile zu gewähren, der die Steuer auch bezahlen müsse. Ferner entfalle für den Quellenstaat die Auseinandersetzung mit der ausländischen Rechtsordnung, sofern die Einordnung nach den eigenen innerstaatlichen Vorschriften erfolge.[179] Für Debatin ist auch eine gewisse Eigensubstanz im Sitzstaat ausreichend, um eine „assimilierte Ansässigkeit" anzunehmen und damit sei der Quellenstaat verpflichtet die Abkommens-berechtigung der Gesellschaft anzuerkennen. Weggenmann hingegen lässt eine fiktive und assimilierte Ansässigkeit nicht genügen, da sie zu zusätzlichen Einordnungsschwierigkeiten führe.[180] Die Vertreter, dass es in diesem Sachverhalt zu keiner Bindung kommen soll, wollen die Steuerpflicht im Quellenstaat nicht genügen lassen.[181]

Als Ergebnis lässt sich festhalten, dass der Quellenstaat in seiner Abkommensanwendung durch die Beurteilung der Personengesellschaft durch den Sitzstaat gebunden sein soll.[182]

6.3.4. Anwendestaatsorientierte Sichtweise

Die gegenläufige anwendestaatsorientierte Meinung stellt auf eine autonome Entscheidung des jeweiligen Anwendestaats ab und verneint damit eine Verknüpfung mit der ausländischen Rechtsordnung, da es hierfür keine explizite Rechtsgrundlage gäbe. Hiernach trifft jeder Staat unabhängig von der Sichtweise des anderen Staates auf der Grundlage seines eigenen innerstaatlichen Rechts die Entscheidung über die Zurechnung der Einkünfte und die Anwendung des Abkommens.[183] Die anwenderstaatsorientierte Abkommensauslegung wird maß-

---

[178] Vgl. Weggenmann, H.R., Partnership-Report, 2002, S. 139

[179] Vgl. Lang, M., SWI 2000, S. 527-534; Lang, M., SWI 2000, S. 60-65

[180] Vgl. Weggenmann, H.R., Partnership-Report, S. 67-73

[181] Vgl. Piltz, D.J., Personengesellschaften, 1981, S. 130 u. 135 u. 222; Pott, H.M., Kollision, 1982, S. 225-226; Knobbe-Keuk, B., RIW 1991, S.306-316; Riemenschneider, S., Abkommensberechtigung, 1995, S. 86-87; Krabbe, H., StbJb 2000/01, S. 183-190; Weggenmann, H.R., Partnership-Report, 2002, S. 140

[182] Vgl. Wassermeyer, F., in: Wassermeyer, F./Richter, S./Schnittker, H., Personengesellschaften im internationalen Steuerrecht, 2015, Rn. 2.25; Vgl. Prokisch, R., in: Vogel, K./Lehner, M., DBA, 2015, Art. 1 OECD-MA Rn. 32b u. 35b

[183] Vgl. Wassermeyer, F., in: Wassermeyer, F./Richter, S./Schnittker, H., Personengesellschaften im internationalen Steuerrecht, 2015, Rn. 4.8

geblich von Wassermeyer vertreten.[184] Wassermeyers Argumentation zufolge, kommt es vor der Abkommensberechtigung zunächst auf die beschränkte Steuerpflicht der Einkünfte nach der nationalen Steuerrechts-ordnung des Quellenstaates an.[185] Die steuerliche Behandlung der Gesellschaft in einem Staat kann nach Wassermeyer nicht über die Steuerpflicht im Quellenstaat entscheiden.[186]

Dieser Auffassung folgt auch die deutsche Rechtsprechung.[187] So hat der BFH in seiner Entscheidung über eine US-amerikanische LLC diese nach dem Typenvergleich unter Berücksichtigung des innerstaatlichen Rechts als Kapitalgesellschaft eingeordnet und die Einkünfte abkommensrechtlich als sonstige Einkünfte klassifiziert. Der BFH folgte in dieser Entscheidung gerade nicht der Einordnung der LLC als transparentes Gebilde im anderen Staat, wodurch dann eine Betriebstätte des Gesellschafters (Art. 5, 7 Abs. 1 Satz 1 Halbs. 2, Satz2, Art. 23 Abs. 2 lit. a DBA USA 1989) anzunehmen wäre.[188] Der BFH hat in seinen Urteilen die anwenderstaatsorientierte Abkommensauslegung vertreten, wodurch nach seiner Ansicht eine Qualifkationsverkettung auszuschließen ist.[189]

Begründet wird diese Ansicht mit Art. 3 Abs. 1 lit. b OECD-MA und den bereits oben erwähnten Ausschnitt des OECD-MKs. Gemäß Kluge ist in Art. 3 Abs. 1 lit b OECD-MA nach „Besteuerung" der Zusatz „des Vertragsstaates, der das

---

[184] Vgl. Wassermeyer, F., IStR 1999, 481-494; Wassermeyer, F., in: Wassermeyer, F./Richter, S./Schnittker, H., Personengesellschaften im internationalen Steuerrecht, 2015, Rn. 2.24

[185] Vgl. Wassermeyer, F., IStR 1998, S. 489; Wassermeyer, F., in: Wassermeyer, F., Doppelbesteuerung Kommentar, 2015, Art. 1 OECD-MA Rn. 27a; Wassermeyer, F., in: Wassermeyer, F., Doppelbesteuerung Kommentar, 2015, Art. 7 OECD-MA Rn. 67

[186] Vgl. Wassermeyer, F., in: Wassermeyer, F./Richter, S./Schnittker, H., Personengesellschaften im internationalen Steuerrecht, 2015, Rn. 2.25

[187] Vgl. BFH v. 26.6.2013, I R 48/12, BStBl. II 2014, 367 ;v. 01.2.1989, I R 74/86, BStBl. II 1990, 4; v. 4.4.2007, I R 110/05, BStBl. II 2007, 521; v. 19.12.2007, I R 66/06, BStBl. II 2008, 510; v. 02.9.2009, I R 111/08, BStBl. II 2010, 387; 11.11.2009, I R 15/09, BStBl. II 2010, 602; v. 28.4.2010, I R 81/09, BFH/NV 2011, 1550; v.19.5.2010, I R 62/09, BFH/NV 2010, 1919; v. 19.5.2010, I B 191/09, BStBl. II 2011, 156; v. 9.12.2010, I R 49/09, BStBl. II 2011, 428; v.9.12.2010, I R 54, 55/10, BStBl. II 2012, 106; v. 25.5.2011, I R 95/19, BFH/NV 2011, 1602, v. 24.8.2011, I R 46/10, BFH/NV 2011, 2165; 07.12.2011, I R 5/11, BFH/NV 2012, 556

[188] Vgl. Wassermeyer, F., in: Wassermeyer, F./Richter, S./Schnittker, H., Personengesellschaften im internationalen Steuerrecht, 2015, Rn. 4.9; BFH v. 20.8.2008, I R 34/08, BStBl. II 2009, 263

[189] Vgl. BFH v. 25.05.2011,I R 95/10, BFH/NV 2011, 1602; v. 06.6.2012, I R 8/11, BFH NV 2012, 1905; Wassermeyer, F., in: Wassermeyer, F./Richter, S./Schnittker, H., Personengesellschaften im internationalen Steuerrecht, 2015, Rn. 4.9

Abkommen auf seine Steuern anwendet" hinzuzudenken.[190] Kluge übernimmt diese Wortlautergänzungen analog zu Kaulens Untersuchungen zum DBA Spanien, welcher dabei so vorgeht.[191] Hieraus folgt, dass sich die Steuersubjekteigenschaft aus dem Recht des jeweiligen Staates ergeben muss. Die nach dem innerstaatlichen Steuerrecht zu bestimmende Person müsse hiernach mit der abkommensberechtigten Person übereinstimmen.[192]

Von Beckerath teilt die Auffassung Kluges. Letzterer sieht sich durch den Rückgriff auf die lex fori, der Rechtsordnung des Anwendestaats, durch Art. 3 Abs. 2 OECD-MA bestätigt. Die Auslegung würde dem Telos des Abkommens, Doppelbesteuerungen zu vermeiden, nicht entgegenlaufen. Art. 3 Abs. 2 OECD-MA ordne für Begriffsklärungen und Begriffsauslegungen, wie für solche aus Art. 3 Abs. 1 lit b OECD-MA, gerade den Rückgriff auf das nationale Recht der Vertragsstaaten an.[193] Jedoch scheint diese Vorgehensweise nicht zu überzeugen, da sie sich dem sofortigen Rückgriff auf die lex fori bedient. Doch sollte dieser Rückgriff gemäß Art. 3 Abs. 2 OECD-MA die ultima ratio darstellen.[194]

M. Lang bemängelt die Bedeutungslosigkeit der Abkommensberechtigung der Personengesellschaft bei der Anerkennung durch den Quellenstaat, weil der Quellenstaat nach seinem nationalen Steuerrecht die Einkünfte nicht der Gesellschaft zurechne. Das Abkommen würde somit „leerlaufen". Auch sei ein „Durchschlagen" der Abkommensvorteile der Gesellschaft auf ihre Gesellschafter nicht aus dem Wortlaut des Abkommens zu entnehmen.[195] Lechner teilt die Auffassung von M. Lang und will die Abkommensberechtigung eines jeden Gesellschafters separat prüfen und gerade nicht die Abkommensvorteile der Gesellschaft auf ihre Gesellschafter durchschlagen lassen. Danach sei zu ermitteln, ob der jeweilige Gesellschafter durch ein Abkommen zwischen Ansässigkeitsstaat und Quellenstaat begünstigt ist.[196]

Wassermeyer zieht verfassungsrechtliche Argumente ins Feld. Für ihn ist eine Qualifikationsverkettung mit der Maßgabe des Gleichbehandlungsgebots des

---

[190] Vgl. Kluge, V., DStR 1976, S. 365-367

[191] Vgl. Kaulen, G., Ertragsteuerliche Behandlung, 1973, S. 24

[192] Vgl. Weggenmann, H.R., Partnership-Report, 2002, S. 134

[193] Vgl. Beckerath, H.-J. von, Der Durchgriff, 1978, S. 133

[194] Vgl. Weggenmann, H.R., Partnership-Report, 2002, S. 134-135

[195] Vgl. Lang, M., Festschrift Fischer, 1999, S. 713-718

[196] Vgl. Lechner, E., Die Abkommensberechtigung, 2000, S. 69-79

Art. 3 GG abzulehnen. Danach würde es gegen das Gleichbehandlungsgebot verstoßen, dass ein inländischer Gesellschafter willkürlich unterschiedlich besteuert würde, abhängig davon, ob er an einer ausländischen oder an einer inländischen Personengesellschaft beteiligt ist. Gemäß Art. 3 GG müsse ein inländischer Gesellschafter, welcher an einer ausländischen Personengesell-schaft beteiligt ist, gleich besteuert werden, da für die Ungleichbehandlung keine sachliche Rechtfertigung ersichtlich ist.[197] Für Vogel stellen die unterschiedlichen Besteuerungskonzeptionen und deren Folgen für den Besteuerungsumfang des inländischen Gesellschafters eine hinreichende Rechtfertigung hinsichtlich Art. 3 GG dar.[198]

Als Ergebnis ist nach dieser Auffassung festzuhalten, dass es gerade nicht zu einer Verknüpfung der Einordnung zwischen den Staaten kommen soll, sondern jeder Anwenderstaat unabhängig nach den Grundsätzen seines eigenen innerstaatlichen Rechts Entscheidungen über die Abkommensanwendung trifft.

6.4. Entscheidung

Für die anwenderstaatorientierte Ansicht spricht zwar, dass sie dem Grundsatz folgt, dass sich die Qualifikation und die Zurechnung der Einkünfte nach dem Recht des die DBA-Bestimmung anwendenden Staates richtet. Aber die anwendestaatsorientierte Strömung hat den Vorzug, dass sie die Abkommensberechtigung der Personengesellschaft ernst nimmt und es bei der Lösung von Qualifikationskonflikten zu einer gewissen Entscheidungsharmonie kommt.

Ferner ist das Argument, dass Art. 4 Abs. 1 OECD-MA explizit auf das Recht des Sitzstaates verweist und damit der Quellenstaat daran gebunden sein soll, gewichtig und überzeugend. Da das Abkommen ein beidseitiger Vertrag ist, soll dieser Vertrag auch beide Seiten binden. Aus diesem Grund soll nicht jeder Vertragsstaat für sich die Berechtigung, Rechte und Pflichten aus dem Vertrag in Anspruch zu nehmen, beurteilen können. Sofern das Abkommen eine Personengesellschaft als abkommensberechtigt bezeichnet, so soll dies so zu verstehen sein, dass sie für das ganze Abkommen abkommensberechtigt ist und damit auch im Verhältnis zum anderen Staat. Die Qualifikation als „abkommensberechtigt" ist gerade nicht den Vertragsstaaten überlassen worden, sondern wird

---

[197] Vgl. Wassermeyer, F., IStR 1998, S. 489-492; Wassermeyer, F., in: Wassermeyer, F., Doppelbesteuerung Kommentar, Art. 1 OECD-MA Rn 28d

[198] Vgl. Vogel, K., IStR 1999, S. 5-7

im OECD-MA selbst definiert.[199]Gegen die andere Auffassung spricht darüber hinaus, dass sie für ihre Begründung unmittelbar auf die lex fori zurückgreift ohne vorher eine Auslegung aus dem Wortlaut und dem Zusammenhang anzustellen und sich ferner einer unzulässigen Wortlautaus-legung bedient.

Es soll nachfolgend immer dann zu einer Qualifikationsverkettung kommen, wenn die Personengesellschaft in ihrem Sitzstaat als Steuersubjekt behandelt wird. Da die zentralen Vorschriften des persönlichen Anwendungsbereichs (Art. 3 Abs. 1 lit. a und lit. b und Art. 4 Abs. 1 OECD-MA) gerade auf die Rechtsordnung des Sitzstaates verweisen, soll es für den Fall, dass die Personengesellschaft in ihrem Sitzstaat transparent und im anderen Staat intransparent behandelt wird, gerade nicht zu einer Verknüpfung kommen. Ferner ist eine assimilierte Ansässigkeit abzulehnen und zudem reicht die Steuerpflicht im anderen Staat nicht aus, weshalb im letztgenannten Fall eine Verkettung erfolgen soll.

6.5. Lösung der Fallkonstellationen

6.5.1. Beidseitige Transparenz

In diesem bilateralen Sachverhalt wird die Personengesellschaft von den beteiligten Vertragsstaaten einheitlich als transparentes Rechtsgebilde behandelt. Dieser Grundfall ist im OECD-Partnership Report in Beispiel 1 behandelt worden.[200] Dabei sind die Gesellschafter und die Gesellschaft in demselben Staat ansässig, welcher die Personengesellschaft als transparentes Gebilde besteuert. Die Gesellschaft bezieht Zinseinkünfte aus einem anderen Staat, welcher die Gesellschaft ebenfalls als transparent ansieht. Die Personengesellschaft stellt regelmäßig eine Person i.S.d. Abkommens dar, aber da die Ansässigkeit zwingend an die unbeschränkte Steuerpflicht aufgrund der in Art. 4 OECD-MA genannten Merkmale anknüpft, ist die Personengesellschaft in dem Vertragsstaat nicht als ansässige Person zu behandeln und damit als solche nicht abkommensberechtigt.[201] Um den Abkommensschutz in solchen Fällen nicht gänzlich zu versagen, erfolgt insoweit ein Rückgriff auf die Abkommens-berechtigung der

---

[199] Vgl. Frotscher, G., Internationales Steuerrecht, 3. Auflage, 2009, Rn. 345

[200] Vgl. OECD-Partnership-Report, 1999

[201] Vgl. Prokisch, R., in: Vogel, K./Lehner, M., DBA, 2015, Art. 1 OECD-MA Rn. 28; Vgl. Weggenmann, H.R., in: Partnership-Report, 2002, S. 82

hinter der Gesellschaft stehenden Gesellschafter.[202] Der Abkommensschutz ist damit von der Ansässigkeit der Gesellschafter abhängig. Hierfür wird der Gesellschafter so behandelt, als betreibe er ein originär eigenes, von den Mitunternehmern unabhängiges, Unternehmen. Die Beteiligung wird wie eine im Ausland belegene Betriebsstätte des Gesellschafters aufgefasst.[203]

Dieser Rückgriff bringt aber dann Probleme mit sich, wenn die Anzahl der an der Personengesellschaft beteiligten Gesellschafter hoch ist und diese zudem in unterschiedlichen Staaten ansässig sind. Folglich müssen im Verhältnis zum Quellenstaat die jeweiligen DBAs mit ggf. unterschiedlichen Regelungen hinsichtlich der Besteuerungsrechte angewandt und beachtet werden. Die Konflikte, die entstehen, wenn die Gesellschafter in einem Drittstaat ansässig sind, sind entsprechend nach dem zwischen dem Ansässigkeitsstaat und dem jeweiligen Quellenstaat geschlossenen Abkommen zu lösen.[204]

6.5.2. Beidseitige Intransparenz

Nach diesem Sachverhalt sehen die beteiligten Vertragsstaaten die Personengesellschaft einheitlich als (Körperschaft-)Steuersubjekt an und beurteilen die Gesellschaft nach den für juristische Personen geltenden Grundsätzen. Die Personengesellschaft ist grundsätzlich unproblematisch als ansässige Person aufzufassen und kann sich damit direkt auf das Abkommen berufen. Der Ansässigkeitsstaat der Gesellschafter wird die von der Personengesellschaft erwirtschafteten Einkünfte auch dieser zurechnen. Sofern eine Gewinnausschüttung an die Gesellschafter erfolgt, kommt es zu einer Besteuerung auf der Gesellschafterebene nach dem jeweiligen Dividendenartikeln.[205] Falls die Personengesellschaft in beiden Vertragsstaaten unbeschränkt steuerpflichtig ist, sie also in beiden Vertragsstaaten ansässig ist, so entscheidet Art. 4 Abs. 3 OECD-MA darüber, in welchem Vertragsstaat die Personengesellschaft im Sinne des Abkommens ansässig ist. Für den Fall, dass die Personengesellschaft in beiden Vertragsstaaten

---

[202] Vgl. Prokisch, R., in: Vogel, K./Lehner, M., DBA, 2015, Art. 1 OECD-MA Rn. 28; Vgl. Wassermeyer, F./Kaeser, C., in: Wassermeyer, F., Doppelbesteuerung Kommentar, 2015, Art. 4 OECD-MA Rn. 30

[203] Vgl. BFH v. 17.10.1990, I R 16/90, BStBl. 1991II S. 211; BFH v. 27.02.1991, I R 15/89, BStBl. II S. 444; BFH v. 26.02.1991 I R 86/91, BStBl. II S. 937; Jacobs, O.H., Internationale Besteuerung, 2015, 7. Auflage, 2015, S. 496

[204] Vgl. Dremel, D. in: Schönfeld, J./Ditz, X., Doppelbesteuerungsabkommen Kommentar, 2013, Art. 1 OECD-MA Rn. 44-46

[205] Vgl. Dremel, D., in: Schönfeld, J./Ditz, X., Doppelbesteuerungsabkommen Kommentar, 2013, Art. 1 OECD-MA Rn. 43

nur beschränkt steuerpflichtig ist, ist sie in keinem Vertragsstaat als ansässig anzusehen. Daher kommt ihr in beiden Vertragsstaaten keine Abkommensberechtigung zu.[206]

In dieser Fallkonstellation spielt die Ansässigkeit der Gesellschafter keine Rolle, da es hier nur auf die Personengesellschaft ankommt. Sofern die Gesellschafter in einem Drittstaat ansässig sind, welcher Personengesellschaften transparent besteuert, sind auch die Gesellschafter abkommensberechtigt und der Quellenstaat müsste das jeweils günstigere Abkommen anwenden. Es wäre daher irrelevant, wenn die Gesellschafter im Quellenstaat ansässig wären.[207]

6.5.3. Intransparenz in einem und Transparenz im anderen Vertragsstaat

In diesem Fall behandelt der Sitzstaat die Personengesellschaft zwingend oder auf Antrag intransparent, also als eigenständiges Steuersubjekt. Die Personengesellschaft bezieht beispielsweise Einkünfte aus einem anderen Staat (Quellenstaat oder Ansässigkeitsstaat des Gesellschafters), welcher die Personengesellschaft als steuerlich transparent ansieht.

Aus der Perspektive des Sitzstaates ist die Abkommensberechtigung der Personengesellschaft zu bejahen. Sie erfüllt die Personeneigenschaft, weil sie unter die Definition der Gesellschaft gemäß Art. 3 Abs. 1 lit. b OECD-MA fällt. Ferner ist sie im Sitzstaat steuerpflichtig und somit nach Art. 4 Abs. 1 OECD-MA ansässig. Gemäß der Sichtweise des Quellenstaats ist die ausländische Gesellschaft zwar regelmäßig eine „andere Personenvereinigung" und damit Person i.S.v. Art. 3 Abs. 1 lit. 1 OECD-MA, aber aufgrund der fehlenden Steuersubjekteigenschaft besteht keine Ansässigkeit gemäß Art. 4 Abs. 1 OECD-MA und somit keine Abkommensberechtigung.[208]

Nach der abkommensorientierten Sichtweise muss der Quellenstaat der Personengesellschaft Abkommensschutz gewähren.[209] Sind die Gesellschafter im Quellenstaat, der das Transparenzprinzip anwendet, ansässig, soll hiernach die

---

[206] Vgl. Prokisch, R., in: Vogel, K./Lehner, M., DBA, 2015, Art. 1 OECD-MA Rn. 26

[207] Vgl. Weggenmann, H.R., in: Partnership-Report, 2002, S. 92; Prokisch, R., in: Vogel, K./Lehner, M., DBA, 2015, Art. 1 OECD-MA Rn. 26

[208] Vgl. Wassermeyer, F., in: Wassermeyer, F., Doppelbesteuerung Kommentar, 2015, Art. 1 OECD-MA Rn. 27a

[209] Vgl. Krabbe, H., StbJb 2000/01, S. 183.188, Raupach, A., Festschrift Vogel, 2000, S. 1080, Knobbe-Keuk, B., RIW 1991, 306-314, Piltz, D.J., Personengesellschaften, 1981, S. 134-135

Abkommensberechtigung der Personengesellschaft auf die Gesellschafter „durchschlagen". Den Gesellschaftern soll damit selbst der Abkommensschutz zugutekommen, auch dann wenn sie nicht in einem Vertragsstaat ansässig und abkommensberechtigt sind.[210]Falls ein Gesellschafter in einem Drittstaat ansässig ist, kommt es zu einer doppelten Abkommensberechtigung. Sofern zwischen dem Quellenstaat und den beiden anderen Staaten, dem Sitzstaat der Gesellschaft und dem Ansässigkeitsstaat des Gesellschafters jeweils DBAs abgeschlossen wurden, so soll der Quellenstaat verpflichtet sein, das jeweils günstigere Abkommen anzuwenden.[211]

Des Weiteren rechnet der Sitzstaat die generierten Einkünfte der Personengesellschaft im Rahmen ihrer unbeschränkten Steuerpflicht zu. Bei den Gesellschaftern kommt es erst bei Gewinnverwendung zur Steuerpflicht. Demgegenüber wird der Ansässigkeitsstaat die Einkünfte den Gesellschaftern im Zeitpunkt der Gewinnentstehung zuteilen.[212]

6.5.4. Transparenz in einem und Intransparenz im anderen Vertragsstaat

Im umgekehrten Fall behandelt der Sitzstaat der Personengesellschaft diese als steuerlich transparentes Gebilde, während der Quellenstaat die Steuersubjektivität der Personengesellschaft bejaht. Aus der isolierten Sicht des ersten Staates ist die Personengesellschaft nicht abkommensberechtigt.[213] Wie in 6.4. dargestellt, soll es gerade dann nicht zu einer Qualifikationsverkettung kommen, wenn die Personengesellschaft in ihrem Sitzstaat kein eigenständiges Steuersubjekt ist und damit die Tatbestandvoraussetzungen für die Abkommens-berechtigung nicht erfüllt. Das bedeutet, dass der Personengesellschaft in diesem Fall keine Abkommensberechtigung zuzusprechen ist.

---

[210]Vgl. Schaumburg, H., Stbg 1999, S. 156-158, Riemenschneider, S., Abkommensberechtigung, 1995, S. 84-85; Prokisch, R., in: Vogel, K./Lehner, M., DBA, 2015, Art. 1 OECD-MA Rn. 32a

[211] Vgl. Prokisch, R., in: Vogel, K./Lehner, M., DBA, 2015, Art. 1 OECD-MA Rn. 32

[212] Spengler, C./Schaden, M./Wehrße, M., Grenzüberscheitende Besteuerung, 2012, StuW 2012, S. 110

[213] Vgl. Prokisch, R., in: Vogel, K./Lehner, M., DBA, 2015, Art. 1 OECD-MA Rn. 35

6.5.5. Ergebnis

Wendet man zur Lösung von Einordnungskonflikten eine staatenübergreifende Qualifikationsverkettung an, gelangt man bezüglich der Abkommensberechtigung von Personengesellschaften entsprechend den Fallkonstellationen zu dem in folgender Tabelle zusammengefassten Ergebnis.

Abkommensberechtigung einer Personengesellschaft		
Steuersubjekt / unbeschränkte Steuerpflicht im		Abkommensberechtigung
Sitzstaat	Quellenstaat	
Ja	Ja	Ja
Nein	Nein	Nein
Ja	Nein	Ja
Nein	Ja	Nein

Abbildung 1: Übersicht die Abkommensberechtigung einer Personengesellschaft
Quelle: Brähler, G., Internationales Steuerrecht, 6. Auflage, 2010, S. 142

Es lässt sich somit zusammenfassen, dass die Personengesellschaft im Falle der beidseitigen intransparenten Behandlung und im Falle der intransparenten Behandlung in ihrem Sitzstaat selbst abkommensberechtigt ist. In der letztgenannten Fallkonstellation ist der Quellenstaat verpflichtet, der Personengesellschaft die Abkommensvorteile zu gewähren. Wird die Personengesellschaft hingegen einheitlich als transparentes Gebilde betrachtet, so ist sie nicht abkommensberechtigt. In diesem Fall ist auf die Abkommens-berechtigung ihrer Gesellschafter abzustellen. In der Konstellation, dass die Personengesellschaft in ihrem Sitzstaat transparent und im Quellenstaat intransparent behandelt wird, ist die Abkommensberechtigung der Gesellschaft, nach der hier gefolgten Auffassung, zu verneinen.

7. Zusammenfassung

Im internationalen Steuerrecht lösen Personengesellschaften komplexe und schwierige Fragestellungen aus. Die Konsequenzen bezüglich der Problematik zu Qualifikationskonflikten infolge heterogener Einordnung in den beteiligten Vertragsstaaten sind im dogmatischen Ausgangspunkt umstritten. Weitgehende Einigkeit besteht darüber, dass Personengesellschaften grundsätzlich Person im abkommensrechtlichen Sinne sind. Jedoch entscheidet sich anhand des Kriteriums der Ansässigkeit regelmäßig die Frage nach der Abkommens-berechtigung. Daher ist der Personengesellschaft dann Abkommensschutz zu gewähren, wenn sie in ihrem Sitzstaat als eigenes Steuersubjekt angesehen wird bzw. sind ihr dann die Abkommensvorteile zu versagen, wenn die Personengesellschaft in ihrem Sitzstaat transparent behandelt wird.

Internationale Besteuerungskonflikte sind infolge der divergierenden Behandlung in den Vertragsstaaten vorprogrammiert und bergen oftmals Doppelbesteuerungs- bzw. Nichtbesteuerungspotenziale. Zur Lösung von Qualifikationskonflikten haben sich zwei unterschiedliche Ansätze entwickelt: eine staatenübergreifende Qualifikationsverkettung und eine autonome Abkommensanwendung durch den jeweiligen Vertragsstaat. Aufgrund dieser Differenzen in der Literatur wurde versucht anhand von Musterbeispielen im OECD Partnership-Report typische Fallbeispiele unter Beteiligung von Personengesellschaften darzustellen und zu lösen. Der Bericht versteht sich aber lediglich als Muster und erhebt keinen Anspruch auf Vollständigkeit.

Nach der hier vertretenen Auffassung ist der Personengesellschaft immer dann Abkommensschutz auch im anderen Staat zu gewähren, wenn sie in ihrem Sitzstaat abkommensberechtigt ist. Unter Umständen hat der Abkommensschutz dann auch auf die hinter der Gesellschaft stehenden Gesellschafter durchzuschlagen. Jedoch lässt sich nach der hier gefolgten Meinung nicht jeder Qualifikationskonflikt zweifelsfrei lösen, wodurch bestehende Doppelbesteuerungsfälle nicht restlos eliminiert werden können.

Folglich besteht zum untersuchten Themenkomplex der Besteuerung von grenzüberschreitend tätigen Personengesellschaften weiterhin Untersuchungsbedarf.

Literaturübersicht

Bamberger, G./ Roth, H. (Hrsg.), Beck 'scher Online-Kommentar BGB, 36. Auflage, München, 2015

Beckerath, H.-J. von (Der Durchgriff, 1978), Der Durchgriff im deutschen Außen-steuerrecht, Berlin 1978

Bitter, G., Gesellschaftsrecht, 2. Auflage, München, 2013

Blümich, EStG KStG GewStG, Kommentar, München, Stand: 127. Ergänzungslieferung, März 2015

Debatin, H. (BB 1989), Subjektiver Schutz unter Doppelbesteuerungsabkommen, in: BB 1989, Beilage 2

Dölker, A., Die Besteuerung von Personengesellschaften im internationalen Steuerrecht, Köln, 2012

Frotscher, G., Internationales Steuerrecht, 3. Auflage, München, 2009

Gosch, D./ Grotherr, S./ Kroppen, H.K., DBA-Kommentar, Hamm, 2015

Grobshäuser, U./ Maier, W./ Kies, D., Besteuerung der Gesellschaften, 3. Auflage, Stuttgart, 2011

Grotherr, S./Herfort, C./Strunk G., Internationales Steuerrecht, 3. Auflage, Hamm, 2010

Jacobs, O.H. (Internationale Besteuerung, 2011), Internationale Unternehmensbesteuerung, Deutsche Investitionen im Ausland, Ausländische Investitionen im Inland, 7. Auflage, München, 2011

Jacobs, O.H. (Rechtsform, 2015), Unternehmensbesteuerung und Rechtsform, 5. Auflage, München, 2015

Kaulen, G. (Ertragsteuerliche Behandlung, 1973), Die ertragsteuerliche Behandlung der Niederlassungen ausländischer Unternehmen nach dem spanischen Recht unter Berücksichtigung des Deutsch-Spanischen Doppelbesteuerungsabkommens, Erlangen-Nürnberg, 1973

Kirchhof, P., Einkommensteuergesetz, Kommentar, 14. Auflage, Köln, 2015

Kluge, V. (DStR, 1976), Die Anerkennung ausländischer Gesellschaften im deutschen Steuerrecht, DStR, 1976

Knobbe-Keuk, B. (RIW 1991), „Qualifikationskonflikte" im internationalen Steuerrecht der Personengesellschaften, RIW, 1991

Krabbe, H. (StbJb, 2000/01), Die Personengesellschaft im Internationalen Steuerrecht, StbJb, 2000/01

Lang, M. (Festschrift Fischer, 1999), Die abkommensrechtliche Behandlung von ausländischen Personengesellschaften mit Steuersubjektivität im Ausland, in: Kleineidam, H.-J. (Hrsg.), Unternehmenspolitik und internationale Besteuerung, Festschrift für Lutz Fischer, Berlin, 1999

Lang, M. (SWI, 2000), Personengesellschaften im DBA-Recht, SWI, 20007

Lange, J./Bilitewski, A./Götz, H., Personengesellschaften im Steuerrecht, 9. Auflage, Herne, 2014

Lechner, E. (Die Abkommensberechtigung, 2000), Die Abkommensberechtigung von Personengesellschaften, in: Gassner, W./Lang, M./Lechner, E. (Hrsg.), Personengesellschaften im Recht der Doppelbesteuerungsabkommen, Wien, 2000

Münchner Kommentar zum BGB, Band 5, 6. Auflage, München, 2013

Niehus, U./ Wilke, H. (Personengesellschaften, 2013) Die Besteuerung der Personengesellschaften, 6. Auflage, Stuttgart, 2013

Piltz, D.J. (Personengesellschaften, 1981), Die Personengesellschaft im internationalen Steuerrecht der Bundesrepublik Deutschland, Heidelberg, 1981

Raupach A. (Festschrift Vogel, 2000),Unternehmen und Unternehmer im Recht der Doppelbesteuerungsabkommen, in: Kirchhof, P/Lehner, M./ u.a. (Hrsg.), Staaten und Steuern, Festschrift für Klaus Vogel, Heidelberg, 2000

Riemenschneider, S. (Abkommensberechtigung, 1995), Abkommensberechtigung von Personengesellschaften und abkommensrechtliche Behandlung der Einkünfte aus Beteiligungen inländischer Gesellschafter an ausländischen Personengesellschaften, Frankfurt a.m., 1995

Saenger, I., Gesellschaftsrecht, München, 2010

Säcker, F.J./Rixecker, R. (Hrsg.), Münchner Kommentar zum Bürgerlichen Gesetzbuch, 6.Auflage, München, 2013

Schaumburg, H. (Stbg 1999), Die Personengesellschaften im internationalen Steuerrecht, Stbg, 1999

Scheffler, W., Besteuerung von Unternehmen I, Ertrag-. Substanz- und Verkehrssteuern, 12.Auflage, Heidelberg, 2012

Schmidt, C. (IStR 1996), Zur DBA-Anwendung und inländischen Steuerpflicht bei im Sitzstaat rechtsfähigen ausländischen Personengesellschaften, IStR , 1996

Schmidt, C., (DBA auf Personengesellschaften, 2010), Anwendung der Doppelbesterungsabkommen (DBA) auf Personengesellschaften – Eine Analyse des BMF-Schreibens vom 16.04.2010, IStR, 2010

Schmidt, L., Einkommensteuergesetz, Kommentar, 34. Auflage, München, 2015

Spengel, C./Schaden, M./Wehrße, M. (Grenzüberschreitende Besteuerung, 2012), Grenzüberschreitende Besteuerung von Personengesellschaften im OECD-MA – Problembereiche und Lösungsansätze, StuW, 2012

Wassermeyer, F./ Richter, S./ Schnittker, H., Personengesellschaften im Internationalen Steuerrecht, 2. Auflage, Köln, 2015

Wassermeyer, F., Doppelbesteuerung Kommentar, 61. Auflage, München, Stand: 129. Ergänzungslieferung, Januar 2015

Weggenmann, H.R. (Partnership-Report, 2002), Einordnungskonflikte bei Personengesellschaften im Recht der deutschen Doppelbesteuerung unter besonderer Berücksichtigung des OECD-Partnership-Reports 1999, Nürnberg, 2002

Weggenmann, H.R., Personengesellschaften im Licht der Doppelbesteuerungsabkommen, Bonn, 2005

Wehrße, M. (Grenzüberschreitende Besteuerung, 2011), Grenzüberschreitende Besteuerung von Personengesellschaften im internationalen Vergleich, Köln, 2011

Windbichler, C., Gesellschaftsrecht, 23. Auflage, München, 2013

Vogel, K. (IStR 1999), Zur Abkommensberechtigung ausländischer Personengesellschaften, IStR, 1999

Vogel, K./Lehner, M. (DBA, 2015), Doppelbesteuerungsabkommen, Kommentar, 6. Auflage, München, 2015

Verzeichnis der Rechtsquellen und sonstige Quellen

I. Verzeichnis der Gerichtsentscheidungen

Datum	Aktenzeichen	Quelle
1. Reichsfinanzhof		
12.02.1930	VI A 899/27	RStBl . 1930, S. 444
2. Bundesfinanzhof		
25.06.1984	GrS 4/82	BStBl. II, 1984, S.751
14.08.1986	IV R 131/84	BStBl. II 1987, S. 60
09.10.1986	IV R 235/ 84	BStBl. II 1987, S. 124
01.02.1989	I R 74/86	BStBl. II 1990, 4
17.10.1990	I R 16/90	BStBl. 1991II S. 211
26.02.1991	I R 86/91	BStBl. II S. 937
27.02.1991	I R 15/89	BStBl. II S. 444
28.10.1999	VIII R 66/97	BStBl. 2000 II, S. 183
04.04.2007	I R 110/05	BStBl. II 2007, 521
19.12.2007	I R 66/06	BStBl. II 2008, 510
20.08.2008	I R 34/08	BStBl. II 2009, 263
02.09.2009	I R 111/08	BStBl. II 2010, 387
11.11.2009	I R 15/09	BStBl. II 2010, 602
28.04.2010	I R 81/09	BFH/NV 2011, 1550
19.05.2010	I R 62/09	BFH/NV 2010, 1919
19.05.2010	I B 191/09	BStBl. II 2011, 156
09.12.2010	I R 49/09	BStBl. II 2011, 428
09.02.2011	I R 54, 55/10	BStBl. II 2012, 106
25.05.2011	I R 95/19	BFH/NV 2011, 1602
24.08.2011	I R 46/10	BFH/NV 2011, 2165
07.12.2011	I R 5/11	BFH/NV 2012, 556
06.06.2012	I R 8/11	BFH NV 2012, 1905

| 26.06.2013 | I R 48/12 | BStBl. II 2014, 367 |
| 13.11.2013 | I R 67/12 | BStBl. II 2014, 172 |

3. Finanzgerichte

OFD Frankfurt a.M.

| 14.11.2008 | S 2241 A-107-St 213 | RIW 2009, S. 96 |

II. Verzeichnis der Erlasse, Schreiben und Verfügungen der Finanzverwaltung

BMF-Schreiben vom 19.03.2004, IV B 4 – S 1301 USA–22/04, BStBl. 2004 I S. 411

BMF-Schreiben vom 16.09.2014, IV B 5 – S 1300/09/10003, BStBl. 2014 I, S. 1251

III. Verzeichnis der sonstigen Quellen

OECD Partnership Report , The Application of the OECD Model Tax Convention to Partnerships, Issues in International taxation No. 6, Paris 1999